119개 개념으로 완성하는 중고등 영어문법서

단서문

단권화

서술앤 더또

119 2B

KB153662

119개
비밀의 단서를 찾아
서술형+문법 정복!

STRUCTURE

1 세분화된 Unit 구성, 도표 / 도해를 이용한 문법 개념의 시각화

- 문법 요소를 세분화하여 커리큘럼 구성
- 문법 개념을 이해하기 쉽게 도표·도해화

2 다양한 유형의 문제 제공

- 개념 이해를 위한 단계별 Practice
- 문제 해결 능력을 키워주는 종합형 Practice
- 문법의 실제 활용을 확인하는 지문형 Practice

GRAMMAR FOCUS
도표로 이해하는 핵심 영문법

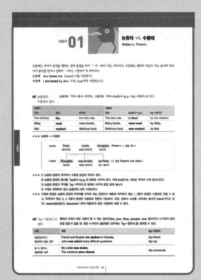

- 도표와 도식으로 정리하는 개념 설명과 핵심 예문
- 보충 설명 및 추가적인 도표 제시

EXERCISE
단계별·유형별 확인 문제

- 문장 완성을 위한 단답형 문제: 학습한 문법 사항의 단순 적용 훈련
- 문장 전환 및 문장 재구성 문제: 문법 사항의 변화 및 문장 전환시 필요한 요소를 체크하는 훈련
- 지문 또는 대화문에서의 문법 적용 문제: 글의 흐름 속에서 문법 활용을 익히는 어법 적용 훈련
- 수준별 영작 문제: 실제 사용에서의 정확성을 위한 영작 훈련

LET'S PRACTICE
단원 종합 문제

- 세 개 Unit에서 학습한 내용에 대한 종합 실전 문제
- 내신 및 실전에서의 문제 해결 능력 강화

3 쓰기 활동 강화

- 단계별 쓰기 활동 제공
- 내신 및 영어 능력 평가를 대비하는 영작 Practice

LET'S DRILL
실전 대비 문제

– 내신 및 실전 대비 문제 해결 능력 향상

REVIEW TEST
Chapter별 종합 실전 문제

– Chapter별 문제 제시로 학습한 문법에 대한 종합적 적용 능력 강화

WRITING TIME
유형별 쓰기 학습

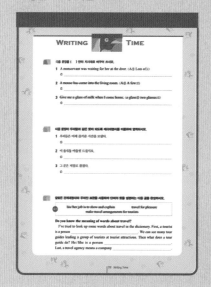

– 다양한 유형의 쓰기 학습을 통해 문법의 적용 능력 강화

CONTENTS

나는 바다 속에서 가장 깊게
잠수할 수 있는 새
펭귄이야.

CHAPTER

I

REVIEW TEST

WRITING TIME

UNIT 01 능동태 vs. 수동태
Active *vs.* Passive

능동태는 주어가 동작을 행하는 것에 중점을 두어 '…가 ~하다'라는 의미이고, 수동태는 행위의 대상이 되는 동사의 목적어가 동작을 받거나 당해서 '~되다, ~당하다'의 의미이다.

능동태   Ann **loves** me. (Ann은 나를 사랑한다.)
수동태   I **am loved** by Ann. (나는 Ann에게 사랑받는다.)

■ 능동태와 수동태의 형식

능동태는 「주어+동사+목적어」, 수동태는 「주어+be동사+p.p.+by+행위자」로 쓴다.

능동태			수동태		
주어	동사	목적어	주어	be동사+p.p.	by+행위자
The children	**like**	this fairy tale.	This fairy tale	**is liked**	by the children.
Abby	**read**	many books.	Many books	**were read**	by Abby.
Neil	**cooked**	delicious food.	Delicious food	**was cooked**	by Neil.

●●● 능동태 ➡ 수동태

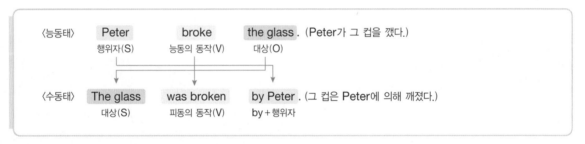

●●● ① 능동태 문장의 목적어가 수동태 문장의 주어가 된다.
　　② 능동태 문장의 동사를 「be동사+p.p.」의 형태로 바꾸어 준다. 이때 be동사는 새로운 주어의 수에 일치시킨다.
　　③ 능동태 문장의 주어를 「by+목적격」의 형태로 바꾸어 문장 끝에 놓는다.
　　④ 시제는 변화하지 않고 능동태의 시제 그대로이다.
●●● 수동태 문장은 능동태 문장의 목적어를 주어로 하는 문장이기 때문에 목적어가 없는 1, 2형식 문장은 수동태로 만들 수 없고, 목적어가 있는 3, 4, 5형식 문장만 수동태로 전환이 가능하다. 또한, 상태나 소유를 나타내는 동사인 have(가지고 있다), resemble(닮다), become(~에게 어울리다) 등은 수동태로 바꿀 수 없다.

■ 「by+행위자」의 생략

행위의 주체가 모든 사람이 알 수 있는 일반인(we, you, they, people, one 등)이거나 누구인지 굳이 밝힐 필요가 없을 때, 혹은 누구인지 불분명한 경우에는 「by+행위자」를 생략할 수 있다.

구분	예문	by+행위자
일반인이거나 중요하지 않은 경우	French and English **are spoken** in Canada. John **was asked** many difficult questions.	(by them) (by us)
알 수 없거나 불분명한 경우	My wallet **was stolen**. The windows **were closed**.	(by someone)

EXERCISE

A 다음 문장의 밑줄 친 부분을 바르게 고쳐 쓰시오.

1 The pictures <u>was took</u> by Joseph.

2 Physics <u>is teached</u> by Ms. Lee.

3 The building was burnt <u>by ours</u>.

4 My fish tank <u>is broke</u> yesterday by mistake.

B 다음 문장을 능동태는 수동태로, 수동태는 능동태로 바꿔 쓰시오.

1 He fixed the computer last night.

→ _____

2 The letter was mailed by Mr. Jang.

→ _____

3 They speak Portuguese in Brazil.

→ _____

C 다음 대화의 빈칸에 알맞은 말을 〈보기〉에서 골라 바른 형태로 쓰시오.

보기	invite	call	build	invent	cancel	keep

1 A Look at the church. It looks very old.
  B Yes, it is the oldest church in France. It _____ _____ in 962.

2 A What happened to the soccer game? It was supposed to be broadcast on TV.
  B It _____ _____ because of the heavy rain.

3 A Why did you invite Paul to the party? You don't like him.
  B I had no choice. He _____ me to his birthday party.

D 다음 ( ) 안에 주어진 단어들을 사용하여 우리말을 영작하시오.

1 이 호텔 방은 매일 청소되어진다. (room, clean)

→ _____

2 그 책은 영어로 쓰여졌다. (book, write)

→ _____

3 Harry Potter는 전 세계 많은 어린이들에게 사랑받는다. (love, children, world)

→ _____

UNIT 02

수동태의 다양한 형태
Forms of Passive

■ **수동태의 부정문** 수동태의 부정은 be동사의 부정과 마찬가지로 be동사 뒤에 부정어 not을 붙여 「be동사+not+과거분사(p.p.)」의 형태로 쓰고, '~되지 않다'라고 해석한다.

주어(대상)	be동사	not	과거분사	by+행위자
The room	**is**		**cleaned**	by my brother.
This song	**was**	**not**	**composed**	by Arthur.
The pictures	**were**		**bought**	by Lisa.

■ **수동태의 의문문** 의문사가 없는 의문문은 「Be동사+주어+p.p. ~?」의 형태로, 의문사가 있는 의문문은 「의문사+be동사+주어+p.p. ~?」의 형태로 나타낸다. 단, 의문사가 주어의 역할을 할 경우에는 「의문사+be동사+p.p.~?」의 형태로 나타낸다.

의문사가 없는 의문문의 수동태

be동사	주어	과거분사	by+행위자
Is	the conference room	**used**	by businessmen?
Are	the park gates	**locked**	by the guard?
Was	this violin	**made**	by Mark?
Were	my shirts	**washed**	by machine?

의문사가 있는 의문문의 수동태

구분	의문사	be동사	주어	과거분사
의문사 ≠ 주어	**Why**	**isn't**	this table	**cleaned?**
	When	**was**	*Hangeul*	**invented?**
	How	**were**	these skirts	**made?**
	By whom	**was**	the steam engine	**developed?**

구분	의문사	be동사	과거분사	by+행위자
의문사 = 주어	**What**	**was**	**invented**	by Edison?
	Who	**was**	**elected**	by the committee?
	Who	**is**	**suspected**	by the police?

●●● 의문사가 있는 의문문의 능동태 ➡ 수동태

When did she make the dress?

She made the dress **when**.　　　① 의문사를 부사로 취급하여 평서문으로 바꾼다.

The dress **was made by** her when.　　② 수동태로 전환한다.

When was the dress **made by** her?　　③ 의문사를 문장 맨 앞에 놓고 의문문으로 바꾼다.

EXERCISE

A 다음 중 어법상 맞는 문장에는 ○표, 어색한 문장에는 ×표 하시오.

1 By whom this poem was written? (　　)

2 When was the package deliver by the mail carrier? (　　)

3 Is the twin room booked by that English businessman? (　　)

4 Isn't your report finished yet? (　　)

B 다음 문장을 (　) 안의 지시대로 바꿔 쓰시오.

1 The notebook computer is used by my aunt. (부정문으로)

→ _____

2 This dress was designed by Marc Jacobs. (의문문으로)

→ _____

3 The telephone was invented by Bell. (when 의문문으로)

→ _____

C 다음 대화의 빈칸에 알맞은 말을 〈보기〉에서 골라 바른 형태로 쓰시오.

> 보기   do   make   write   believe   invite   read

1 A This ring is not so expensive.
B Then, it can't _____ _____ _____ gold.

2 A The rumor _____ _____ _____ by anybody and it turned out false.
B I didn't believe the rumor at all from the beginning.

3 A The homework _____ _____ _____ yet. I need to make some more revisions.
B That's too bad. You seem to have a lot to do.

D 다음 (　) 안에 주어진 말을 사용하여 수동태 문장으로 대화를 완성하시오.

1 A _____? (where, bear)
B I was born in Australia.

2 A _____? (this word, how, pronounce)
B I don't know. It's a French word.

3 A _____? (find, where, this wallet)
B I found it on the street.

UNIT 03

주의해야 할 수동태
Uses of Passive

■ **동사구의 수동태**　「동사+명사+전치사」, 「동사+부사」, 「동사+전치사」 등의 동사구는 전체를 하나의 동사처럼 취급하여 수동태로 표현할 때도 한 단어처럼 취급한다.

종류	예문
take care of	Emma **takes care of** the child. ➡ The child **is taken care of** by Emma.
take off	Paul **took off** the boots. ➡ The boots **were taken off** by Paul.
look after	Mr. Kim **looked after** Kelly. ➡ Kelly **was looked after** by Mr. Kim.
run over	The car **run over** my dog. ➡ My dog **was run over by** the car.

■ **by 이외의 전치사를**　수동태 문장에서 행위자는 「by+목적격」으로 나타내는 것이 원칙이나 by 대신 at, with, in, to 등
　쓰는 수동태　다른 전치사가 사용되기도 한다.

표현	예문
be pleased with[at] ~에 대해 기뻐하다	Alice **was pleased with[at]** your present.
be filled with ~으로 가득차다	His eyes **were filled with** tears.
be covered with ~으로 덮여 있다	The mountain **was covered with** snow.
be satisfied with ~에 만족하다	Jenny **was satisfied with** the exam result.
be married to ~와 결혼하다	Bill **was married to** Ann.
be known to ~에게 알려지다 be known as ~로 알려지다 be known for ~ 때문에 알려지다	The child **was known to** everybody. The child **was known as** a genius. The child **was known for** his beautiful smile.
be interested in ~에 관심있다	Sam and Danny **were interested in** soccer.
be surprised at ~에 놀라다	I **was surprised at** the news.
be made of ~으로 만들어지다(물리적 변화)	This ring **is made of** gold.
be made from ~으로 만들어지다(화학적 변화)	Wine **is made from** grapes.
be crowded with ~으로 붐비다	The station **was crowded with** many people.
be disappointed with ~에 대해 실망하다	I **was disappointed with** the ending of the movie.

EXERCISE

A 다음 두 문장의 빈칸에 공통으로 들어갈 알맞은 단어를 쓰시오.

1 • The table was covered _____ a pure white tablecloth.
  • The audience members were satisfied _____ his performance.

2 • Finally, Elley was married _____ Noah.
  • The spot was known _____ the whole world.

B 다음 문장을 수동태로 바꿔 쓰시오.

1 My sister took care of my baby.
  → _____

2 James looked after Susan.
  → _____

3 He put off the meeting till next week.
  → _____

C 다음 대화의 빈칸에 알맞은 말을 〈보기〉에서 골라 바른 형태로 쓰시오.

보기	interest	excite	know	fill	take

1 A Did you bake the cookies?
  B Yes, I did. The kitchen _____ _____ _____ a sweet smell.

2 A What do you usually do when you're free?
  B I usually take pictures because I _____ seriously _____ in photography.

3 A Do you know Angelina Jolie?
  B Of course. She is an Oscar-winning actress. She _____ _____ _____ her exotic looks.

D 다음 ( ) 안에 주어진 단어들을 사용하여 우리말을 수동태 문장으로 영작하시오.

1 나는 너의 실패가 너무 놀라워. (surprise, failure)
  → _____

2 Bill은 자신의 새로운 일에 만족했다. (satisfy, job)
  → _____

3 치즈는 우유로 만들어진다. (make, milk)
  → _____

01 다음 문장의 빈칸에 알맞은 말은?

> The bathroom _____ every week by my dad.

① clean ② cleans ③ cleaned
④ is cleaned ⑤ was cleaned

[2~3] 다음 중 밑줄 친 부분의 쓰임이 어색한 것을 고르시오.

02
① The child was found last night.
② The pine tree was plant a long time ago.
③ The postcard was sent by my boyfriend.
④ The piano sonata was composed by Mozart.
⑤ The Olympic Games were held in Seoul in 1988.

03
① Jenny was surprised at the sight.
② The bus was crowded with students.
③ She is worried about her granddaughter.
④ They were pleased with their new house.
⑤ The village was known for everybody in the country.

04 다음 중 not이 들어갈 위치로 알맞은 곳은?

> The computer ① is ② fixed ③ yet ④ by the repairman ⑤, so I can't use it right now.

05 다음 문장의 빈칸에 알맞은 말은?

> The child _____ his friends, so he began to cry.

① laugh at ② laugh at by
③ is laughed at ④ was laughed at
⑤ was laughed at by

06 다음 중 어법상 옳은 문장은?
① The pictures not were bought by the merchant.
② Were the conference rooms book by the cooperation company?
③ Why wasn't this table cleaned?
④ Kelly was looked by Mr. Smith after.
⑤ What was invented it by Bell?

07 다음 능동태 문장을 수동태로 바꿔 쓸 때 어색한 것은?
① The professor praised the student.
 → The student was praised by the professor.
② Andrew didn't paint the wall.
 → The wall was not painted by Andrew.
③ They speak English in Singapore.
 → English is spoken in Singapore.
④ My dad turned off the radio.
 → The radio turned off by my dad.
⑤ The news surprised them.
 → They were surprised at the news.

08 다음 두 문장의 빈칸에 공통으로 알맞은 말을 쓰시오.

> • Are you satisfied _____ our service?
> • The parking lot is filled _____ cars.

09 다음 우리말을 영어로 옮길 때 빈칸에 알맞은 말을 쓰시오.

> 누가 다음 대통령으로 선출될 것인가?
> → Who _____ _____ _____ as
>   next president?

[10~11] 다음 능동태 문장을 수동태로 바꿔 쓰시오.

10

> Jack didn't vacuumed the office.
> → _____

11

> Doesn't Mr. Smith keep any pets?
> → _____

12 다음 ( ) 안의 단어들을 사용하여 우리말을 영어로 옮기시오.

> 그 교향곡은 뉴욕 필하모닉 오케스트라에 의해 연주되었다. (symphony, play, the New York Philharmonic Orchestra)
> → _____

13 다음 ( ) 안의 단어를 바르게 배열하여 우리말을 영어로 옮기시오.

> 퀴리 부인은 1911년에 노벨상을 받았다.
> (was / Madame Curie / in 1911 / the Nobel Prize / given)
> → _____

[14~15] 다음 밑줄 친 ①~⑤ 중 어법상 어색한 것을 고르시오.

14

> Do you know who ① invented the telephone? It ② invented by Alexander Graham Bell in 1876. He ③ experimented with Watson, his assistant. The first words he ④ spoke on his telephone ⑤ were "Watson, come here. I need you."

15

> A letter ① was sent to Thomas and it ② was put on the table. He thought it ③ was written by Jessica because she ④ was promised to do so the other day. His heart beat rapidly as he opened the letter. To his surprise, however, it ⑤ was written by Susan. She said how much she liked him in the letter.

 다음 ( ) 안에서 알맞은 말을 고르시오.

1 The wall (painted, was painted) by my uncle.

2 Bill (painted, was painted) the roof yesterday.

3 The telephone (invented, was invented) by Bell.

4 (She, Her) was sent to New York on business.

5 Jina and David were trusted by (them, they).

 다음 문장의 빈칸에 ( ) 안의 단어를 알맞은 형태로 바꿔 쓰시오.

1 James is kind. He _____ by many people. (love)

2 Her son _____ in the Korean War. (kill)

3 This movie _____ by Steven Spielberg last year. (direct)

4 Maybe this photo _____ by my aunt two years ago. (take)

5 Who wrote this poem? — It _____ by Shakespeare. (write)

 다음 문장의 <u>틀린</u> 부분을 바르게 고쳐 문장을 다시 쓰시오.

1 John invited to the Blue House by the officials.

→ _____

2 Thomas Brown was designed that tall building in 1976.

→ _____

3 It is believed not by most scientists.

→ _____

D 다음 문장의 빈칸에 알맞은 전치사를 쓰시오.

1 The box is filled _____ chocolate.

2 We have been worried _____ you.

3 Paper is made _____ pulp.

4 We were satisfied _____ the service at the hotel.

5 My parents were surprised _____ the news from Kelly.

6 This wine is made _____ red grapes.

7 _____ whom was this vase broken?

8 My desk is made _____ steel.

9 These shoes were bitten _____ my puppy.

E 다음 문장을 수동태로 바꿔 쓰시오.

1 The workers washed the windows every day.

→ _____

2 Ms. Brown didn't cook the chicken soup.

→ _____

3 Did Philip draw the picture?

→ _____

4 My friends laughed at me.

→ _____

5 A pickpocket took away my scarf.

→ _____

UNIT 04 to부정사의 명사적 용법
To Infinitives Used as Nouns

to부정사는 「to + 동사원형」의 형태로 문장에서 명사, 형용사, 부사의 역할을 한다. to부정사는 주어의 인칭과 시제에 상관없이 그 형태가 변하지 않는다.

■ **명사 역할**　문장 내에서 주어, 목적어, 보어로 쓰이며 '~하는 것,' '~하기'로 해석한다. want, wish, plan, hope, choose, agree, decide 등의 동사들이 to부정사를 목적어로 취한다.

구분	예문
주어 (subject)	**To play** computer games is exciting.　주어 **To speak** English is difficult. **To tell** a lie is wrong.
목적어 (object)	I like **to play** computer games.　목적어 Mavis wants **to buy** a new toy car. Jane began **to mop** the floor.
보어 (complement)	My hobby is **to play** computer games. (주어 설명) 　　＝　　보어 (주격 보어) My wish is **to be** an astronaut. I don't like you **to play** computer games. (목적어 설명) 　　　　　　보어 (목적격 보어) My father wanted me **to be** a lawyer.

●●● 가주어 it : to부정사로 문장을 시작할 경우 주어가 길어지는 것을 막기 위해 진(짜)주어인 to부정사를 뒤로 보내고 그 자리에 가(짜)주어 it을 넣는다.

　To exercise every day is good for your health.
　　　　　　주어

➡ **It** is good for your health **to exercise** every day.
　가주어　　　　　　　　　　　　　진주어

It is necessary **to help** the poor and sick people. (⬅ To help the poor and sick people is necessary.)
It is not easy **to learn** Chinese. (⬅ To learn Chinese is not easy.)

■ **의문사 + to부정사**　「의문사 + to부정사」는 하나의 숙어처럼 쓰여 문장 속에서 주어, 보어, 목적어로 쓰이는데 특히 주로 목적어 역할을 한다.

표현	예문
what to부정사 (무엇을 ~할지)	I don't know **what to do**.
how to부정사 (어떻게 ~할지)	I can't decide **how to do** it.
when to부정사 (언제 ~할지)	Please tell me **when to start**.
where to부정사 (어디로 ~할지)	Nobody knows **where to go**.

●●● 「의문사 + to부정사」는 「의문사 + 주어 + should + 동사원형」으로 바꿔 쓸 수 있다.

　I was embarrassed because I didn't know **what to do**.
　= I was embarrassed because I didn't know **what I should do**.

EXERCISE

A 다음 중 어법상 맞는 문장에는 O표, <u>어색한</u> 문장에는 X표 하시오.

1 I like to play the piano in the morning. (　　)

2 Steven didn't want swim in the river. (　　)

3 To master Chinese is not that easy. (　　)

4 It is difficult for you make new friends there. (　　)

B 다음 두 문장이 같은 뜻이 되도록 빈칸에 알맞은 말을 쓰시오.

1 To learn to ride a bike was not an easy thing.

→ _____ _____ not an easy thing _____ _____ _____ _____ a bike.

2 I don't know what to do first.

→ I don't know _____ _____ _____ _____ first.

3 Let's decide where to go.

→ Let's decide _____ _____ _____ _____ .

C 다음 대화의 빈칸에 알맞은 말을 〈보기〉에서 골라 바른 형태로 쓰시오.

보기	volunteer	take	travel	watch	wear

1 A It's too cold outside. I don't know what _____ _____ .

　　B Why don't you put on your fur coat?

2 A What do you want to do when you go to college?

　　B My wish is _____ _____ all around the world.

3 A Do you have any special plans for this summer vacation?

　　B I'm planning _____ _____ in Africa.

D 다음 (　　) 안에 주어진 말을 사용하여 우리말을 영작하시오.

1 Bill은 다음에 무엇을 말해야 할지 몰랐다. (know, say)

→ _____

2 컴퓨터를 어떻게 고쳐야 할지 배우기 어렵다. (it, learn, fix the computer)

→ _____

3 Brian과 Mark는 그 일을 6월에 끝내기로 약속했다. (promise, finish)

→ _____

4 주말마다 그를 방문하는 것은 쉽지 않았다. (visit, easy, every)

→ _____

UNIT 05 to 부정사의 형용사적 용법
To Infinitives Used as Adjectives

■ **형용사 역할**　형용사가 명사를 꾸며주는 것처럼 to부정사도 명사 또는 대명사를 수식하는 형용사 역할을 한다. 이때 to부정사는 명사나 대명사의 뒤에 오며 '~하는', '~할'로 해석한다.

> I have a lot of homework. + I have to do it by tomorrow.
> ➡ I have a lot of homework **to do** by tomorrow.
>   해야 할 숙제

쓰임	예문
명사+to부정사	I have a lot of homework **to do**. I want some friends **to give** me some advice.
대명사+to부정사	I need something **to eat**. Sarah had nothing **to show** us.

●●● 원래부터 형용사가 뒤에 오는 -thing/-body로 끝나는 대명사의 경우 형용사와 to부정사의 수식을 동시에 받을 때에는 「-thing/-body+형용사+to부정사」의 어순으로 쓰인다.

Do you have anything **more to say**?　　　Please give me something **cold to drink**.

■ **명사+to부정사 +전치사**　to부정사로 쓰인 동사가 자동사여서 전치사가 필요할 경우, 또는 to부정사의 수식을 받는 명사가 전치사의 목적어인 경우에는 to부정사 뒤에 오는 전치사를 생략할 수 없다.

> I have many friends **to talk with**.
>   함께 이야기할 친구들

I need a chair **to sit on**.　　　Rachel bought a big house **to live in**.

●●● 같은 동사라도 뒤따르는 전치사에 따라 다른 의미를 나타낼 수 있다.
ex. I have nothing **to write**. (나는 쓸 내용이 없다.) – 글감, 글의 소재 등
I have nothing **to write with**. (나는 쓸 것이 없다.) – 필기구
I have nothing **to write on**. (나는 쓸 곳이 없다.) – 종이류

■ **be to 용법**　be동사와 to부정사가 함께 쓰인 「be동사+to부정사」는 다음과 같이 서술적 의미를 나타내기도 한다.

쓰임	예문
예정	We **are to arrive** there at ten. (= are going to arrive)
의무	You **are to finish** the report by tomorrow. (= must finish)
의도	If you **are to succeed**, you have to work harder. (= intend to succeed)

EXERCISE

A 다음 중 어법상 맞는 문장에는 ○표, <u>어색한</u> 문장에는 ×표 하시오.

1 Violet has many things do at home. (   )

2 Do you have something warm to wear? (   )

3 Tim rebuilt his house to live with. (   )

B 다음 두 문장을 to부정사를 사용하여 한 문장으로 쓰시오.

1 I have lots of books. I have to read them by next month.

→ _____

2 I have got some pictures. I want to show you some.

→ _____

3 We need more flour. We should bake a cake with flour.

→ _____

C 다음 대화의 빈칸에 알맞은 말을 〈보기〉에서 골라 쓰시오.

> 보기
>
> work   nothing   something   no children
> to drink   to worry about   to take care of   to complete

1 A I am very thirsty after the long walk.

    B Wait a moment. Let me get you _____ _____ _____.

2 A I have a very important English test tomorrow.

    B Take it easy. There's _____ _____ _____ _____.

3 A I heard Mr. and Mrs. Park are going to take a long vacation in Australia.

    B Sounds great. That's possible because they have _____ _____

    _____ _____ _____ _____.

4 A I couldn't take a rest at home. I had a lot of _____ _____ _____.

    B That's terrible.

D 다음 우리말과 같은 뜻이 되도록 빈칸에 알맞은 말을 쓰시오.

1 너에게 앉을 의자를 가져다 줄게.

    → Let me get you a chair _____ _____ _____.

2 나는 쓸 것이 없어. 네 펜을 좀 써도 될까?

    → I have nothing _____ _____ _____. Can I use your pen?

3 너는 뭔가 나에게 중요하게 말할 게 있어 보인다.

    → You seem to have _____ _____ _____ _____ me.

UNIT 06 to 부정사의 부사적 용법
To Infinitives Used as Adverbs

■ **목적과 원인의**
부사적 용법

to부정사가 부사처럼 쓰이는 부사적 용법은 대표적으로 목적(~하기 위하여)과 감정의 원인(~하다니, ~해서)을 나타낸다.

구분	의미	예문
목적	~하기 위하여	Bill did his best **to pass** the exam. Susan studied very hard **to get** better grades. Eric studied all day long **to win** the prize.
원인	~하다니, ~해서	I was glad **to see** you again. Bill was happy **to hear** the news. Susan was excited **to be** home again.

●●● to부정사가 문장 속에서 목적을 나타낼 때는 부사의 역할을 하여 to부정사 앞에 나온 동사를 수식한다. 특히 목적의 의미를 강조하기 위해 to부정사 앞에 in order나 so as를 넣어 in order to, so as to의 형태로 쓰기도 한다.

Jack went to Italy **in order to[so as to]** study music.

●●● to부정사가 원인을 나타낼 경우에는 주로 sorry, glad, happy, pleased, excited, surprised 등과 같이 감정을 나타내는 형용사와 함께 쓰인다.

Susie was sorry **to hear** that bad news.

■ **기타 부사적 용법** 그 밖의 to부정사의 부사 역할은 형용사/부사의 수식, 결과, 조건, 판단의 근거 등이 있다.

구분	의미	예문
형용사/부사 수식	~하기에	This problem is difficult **to solve**.
결과	결국 ~가 되었다	The little boy grew up **to be** a scientist.
조건	~한다면	**To hear** John speak Chinese, you would take him a Chinese.
판단의 근거	~하는 것을 보니	He must be foolish **to say** like that.

●●● 형용사나 부사를 수식할 때는 형용사나 부사 뒤에 와서 「형용사/부사+to부정사」의 형태로 '~하기에 …한'으로 해석한다.

French is *hard* **to learn**.

He is *rich* **to buy** an expensive car.

💡 「형용사+to부정사」의 형태로 자주 사용하는 형용사에는 easy, hard, difficult, impossible, good, ready 등이 있고, 부사를 수식할 때는 enough나 too 등이 자주 쓰인다.

●●● to부정사가 live, grow up, wake 등과 함께 쓰이면 주로 결과를 나타낸다. 결과가 좋지 않아 실망감을 나타낼 때는 「only+to부정사」의 형태로 쓰기도 한다.

The old man lived **to be** 99. (그 노인은 99세까지 사셨다.)

The ugly boy grew up **to be** a famous actor. (그 못생긴 소년이 자라서 유명한 배우가 되었다.)

I worked hard **only to fail** the exam. (나는 열심히 공부했지만, 결국 시험에 실패했다.)

EXERCISE

A 다음 밑줄 친 부분의 뜻을 우리말로 쓰시오.

1 She was pleased for her daughter <u>to win</u> the prize.

2 Janet has gone to New York <u>to get</u> a new job.

3 His son grew up <u>to be</u> a great soldier.

4 He must be honest <u>to say</u> so.

B 다음 두 문장을 to부정사를 이용하여 한 문장으로 쓰시오.

1 I went home early. I wanted to take a rest.

→ _____

2 Jacob heard the news. He was very excited.

→ _____

3 I think Todd is smart. He wrote this complicated book.

→ _____

C 다음 대화의 빈칸에 알맞은 말을 〈보기〉에서 골라 바른 형태로 쓰시오.

보기	help	become	study	understand	sing

1 A Daniel grew up _____ _____ a famous professor.
   B Good for him.

2 A Sarah felt a little embarrassed _____ _____ in public.
   B She sang very well at that time, though.

3 A I can't read Paul's letter. His handwriting is difficult _____ _____.
   B Show me the letter and I'll read it for you.

D 다음 ( ) 안에 주어진 말을 바르게 배열하여 대화를 완성하시오.

1 A Have you seen Phil lately?
   B _____ (to London / he / his aunt / to visit / went)

2 A I don't think Marsha looks that intelligent.
   B That's not true. _____, you would think differently. (speak / to / her / hear)

3 A Mom, can I swim in the river?
   B I don't think it's a good idea. _____
   (to / it / looks dangerous / swim in)

01 다음 대화의 빈칸에 알맞은 말은?

> A What are you doing, Jim?
> B I'm planning _____ to Jejudo.

① travel   ② travels   ③ traveled
④ traveling   ⑤ to travel

[2~3] 다음 중 밑줄 친 부분의 쓰임이 <u>다른</u> 것을 고르시오.

02 ① They decided <u>to sell</u> their car.
② Mark wants <u>to buy</u> a pink cardigan.
③ There's nothing <u>to be</u> afraid of any more.
④ My plan is <u>to own</u> a house in the countryside.
⑤ It is good for your health <u>to keep</u> regular hours.

03 ① Ann is coming to Seoul <u>to visit</u> us.
② We are <u>to keep</u> the traffic laws.
③ I'm going to the park <u>to walk</u> my dog.
④ Paul drove very quickly <u>to get</u> there on time.
⑤ David went to the grocery store <u>to buy</u> some cheese.

04 두 문장이 같은 뜻이 되도록 할 때 빈칸에 알맞은 것은?

> They asked me what to do next.
> → They asked me _____.

① what I should do next
② what they should do next
③ what I can do next
④ what they can do next
⑤ what we are doing next

[5~6] 밑줄 친 부분이 어법상 <u>어색한</u> 것을 고르시오.

05 ① Chris has no friends <u>to play</u>.
② Do you have anything <u>to eat</u>?
③ I need somebody <u>to love</u> me.
④ There are many places <u>to visit</u> in this country.
⑤ This is the best way <u>to learn</u> a foreign language.

06 ① Is it possible for Harry <u>to solve</u> this science problem?
② A few carpenters constructed the old man's <u>house to live in</u>.
③ Andrea didn't know <u>where she should go</u>.
④ Jake grew <u>in order to be</u> a talented actor.
⑤ To hear Joe <u>speaking</u> in Japanese, you would take him a Japanese.

07 다음 문장의 빈칸에 알맞은 말은?

> Alice and Paul are going to enter UCLA.
> They need a dormitory _____.

① live   ② to live   ③ to live in
④ to live with   ⑤ to living

08 우리말과 같은 뜻이 되도록 빈칸에 알맞은 말을 쓰시오.

> 우리 할아버지는 컴퓨터를 사용하는 법을 배우고 싶어 하신다.
> → My grandfather wants to learn _____
> _____ _____ a computer.

09 다음 짝지어진 문장의 의미가 같지 <u>않은</u> 것은?

① Please tell me when to start.
→ Please tell me when I should start.
② To watch TV makes me relaxed.
→ It makes me relaxed to watch TV.
③ I met John at the party and I was very glad about it.
→ I was very glad to meet John at the party.
④ I don't have enough money, so I can't buy you the watch.
→ I don't have enough money to buy you the watch.
⑤ Mike went to the post office but he didn't send the parcel.
→ Mike went to the post office to send the parcel.

10 ( ) 안의 단어를 바르게 배열하여 대화를 완성하시오.

A Did you hear the news? Joan is going to get married to Charles.
B Yes. _____
(be / to marry him / she / must / a fool)

[11~12] ( ) 안의 말을 사용하여 문장을 완성하시오.

11

We went to the library _____ _____ _____ books. (check out)

12

I'm interested in cooking, so I want _____ _____ a cook. (be)

13 다음 단어를 바르게 배열하여 문장을 만드시오.

anything / myself / I / to / make / slimmer / do / will / look

→ _____

14 다음 글의 빈칸에 알맞은 말을 〈보기〉에서 골라 알맞은 형태로 바꿔 쓰시오.

보기   order   solve   get   join

When Jinho came home, there was no one there and he was very hungry. He wanted ⓐ_____ something to eat, but there was nothing left in the kitchen. He decided ⓑ_____ a pizza, but he didn't remember where he put the phone number. He had to wait for his mom to come home.

15 다음 ( ) 안의 단어를 각각 알맞은 형태로 바꿔 쓰시오.

I have a lot of friends ⓐ(spend) time together. I like to hang out with them and it gives me energy. But sometimes I prefer being alone. Actually, there are a lot of things ⓑ(do) alone in this city. I can go to a cafe ⓒ(drink) coffee or go to the library ⓓ(read) books. I'm not afraid to be alone.

ⓐ _____   ⓑ _____
ⓒ _____   ⓓ _____

LET'S DRILL

 다음 ( ) 안에서 알맞은 말을 고르시오.

1 Janice is planning (going, to go) to Paris this summer.

2 I'm looking for a roommate to (live, live with).

3 The boss has (something important to say, something to say important) to you.

4 Jerry must be very honest (saying, to say) so.

5 Her daughter grew up (being, to be) a talented singer.

 다음 문장의 <u>틀린</u> 부분을 바르게 고쳐 문장을 다시 쓰시오.

1 Bring me cold something to drink.

→ _____

2 Tell me what I to do.

→ _____

3 We decided purchasing that car.

→ _____

4 I need an armchair to sit.

→ _____

 다음 문장의 빈칸에 ( ) 안의 단어를 알맞은 형태로 바꿔 쓰시오.

1 When did you learn _____ Chinese food? (cook)

2 It isn't easy _____ my room clean all the time. (keep)

3 How generous he is _____ such a thing! (do)

4 I have to go see a doctor _____ my health. (check)

D 다음 우리말과 같은 뜻이 되도록 빈칸에 알맞은 말을 쓰시오.

1 나는 음악 감상을 하면 긴장이 풀어진다.

→ _____ _____ to music makes me relaxed.

2 잠자리에 들 시간이다.

→ It's time _____ _____ to bed.

3 쓸 종이 한 장을 제게 주세요.

→ Please give me a piece of paper _____ _____ _____.

4 그렇게 행동하다니 참 어리석구나.

→ You are so foolish _____ _____ _____ _____.

5 나는 이 재킷을 수선하고 싶다.

→ I _____ _____ _____ _____ this jacket.

6 그 어린 소녀는 자라서 클래식 피아노 연주자가 되었다.

→ The little girl _____ _____ _____ _____ a classical pianist.

E 다음 두 문장이 같은 뜻이 되도록 빈칸에 알맞은 말을 쓰시오.

1 I heard the news and it made me surprised.

→ I was surprised _____ _____ the news.

2 To fall on the sidewalk was embarrassing.

→ It was embarrassing _____ _____ on the sidewalk.

3 Can you tell me when I should stop it?

→ Can you tell me _____ _____ _____ _____?

4 I want to become slimmer so I'm going to start exercising.

→ I'm going to start exercising _____ _____ slimmer.

5 I don't want to fail the exam so I'm studying very hard.

→ I'm studying very hard _____ _____ _____ the exam.

UNIT 07

동명사의 역할
The Role of Gerunds

동명사는 「동사원형＋-ing」의 형태로 문장 내에서 주어, 보어, 목적어 역할을 하는 명사의 기능과, 동작 및 행위를 나타내고 목적어, 보어, 부사구 등을 취할 수 있는 동사의 특성을 동시에 가지고 있다.

■ 주어와 보어 역할

주어 역할을 하는 동명사는 '～하는 것,' '～하기'와 같이 해석하고, 보어 역할을 하는 동명사는 주로 be동사와 함께 쓰여 '～하는 것이다'로 해석한다.

역할	의미	예문
주어	～하는 것 ～하기	**Playing** soccer is fun. 　　주어 **Reading** magazines is fun. **Getting** up early is a good habit.
보어	～하는 것이다	My hobby is **playing** soccer. 　└─ ＝ ─┘　　보어 His favorite thing is **reading** magazines. My hope is **traveling** alone.

> **TIP** · Reading magazines is fun.에서 문장의 주어는 magazines가 아니라 Reading magazines '잡지들을 읽는 것'이라는 하나의 개념이므로 단수로 취급한다.
> · 주어와 보어로 쓰인 동명사는 to부정사로 바꿔 써도 의미가 비슷하게 전달된다.
> Seeing is believing. ＝ To see is to believe.

■ 목적어 역할

동명사가 동사나 전치사의 목적어로 쓰일 때는 '～하는 것을,' '～하기를'로 해석한다.

역할	의미	예문
동사의 목적어	～하는 것을 ～하기를	I _enjoy_ **playing** soccer. 　　　　동사의 목적어 I don't _mind_ **swimming** in the river.
전치사의 목적어		Todd is good _at_ **drawing** pictures. 　　　　　전치사의 목적어 My mother is fond _of_ **playing** tennis.

●●● 전치사 다음에는 반드시 명사(구)가 나와야 하기 때문에 to부정사나 동사원형은 목적어로 쓸 수 없다.

Violet left without **finishing** her work. (○)　　　> **TIP** to부정사는 명사, 형용사, 부사의 역할을 모두 하지만 동명사는 명사의 역할만 할 수 있다.

Violet left without to finish her work. (×) / Violet left without finish her work. (×)

■ 현재분사 vs. 동명사

현재분사는 진행형(be동사＋-ing)에 사용되며, '～하고 있는'의 능동의 의미를 가진 형용사 역할을 하여 명사를 수식한다. 반면, 동명사는 '～하는 것'이라는 의미로 명사 역할을 하여 보어나 목적어로 쓰인다.

현재분사	동명사
He **is playing** the piano. 〈진행형〉 She looked after the **crying** baby. 〈형용사 역할〉	His hobby is **playing** the piano. 〈보어 역할〉 She finished **crying**. 〈목적어 역할〉

●●● 현재분사는 '～하고 있는'의 상태·동작을 표현하고, 동명사는 '～하기 위한'의 목적·용도를 표현한다.

현재분사	동명사
a **sleeping** child ＝ a child who is sleeping (잠자는 아이)	a **sleeping** car ＝ a car for sleeping (침대차)
a **dancing** girl ＝ a girl who is dancing (춤추는 소녀)	a **dancing** room ＝ a room for dancing (무도실)

> **TIP** a running man (달리는 남자) / running shoes (운동화)
> 　　　현재분사　　　　　　동명사

EXERCISE

A 다음 밑줄 친 부분이 동명사인지 현재분사인지 구분하시오.

1 I'm very interested in collecting world-famous stamps.

2 Look at the falling leaves. They're like snow.

3 What he does on weekends is vacuuming the carpet.

B 다음 두 문장이 같은 뜻이 되도록 빈칸에 알맞은 말을 쓰시오.

1 Don't drive a car in the heavy rain. It's dangerous.
 → _____ _____ _____ in the heavy rain is dangerous.

2 You don't have to hurry. I can wait here.
 → Don't be in a hurry. I don't mind _____ here.

3 I don't think I can persuade him.
 → I think I should give up _____ him.

C 다음 대화의 빈칸에 알맞은 말을 〈보기〉에서 골라 바른 형태로 쓰시오.

보기	read	ski	build	invite	finish	make	send

1 A Hi, Paul. Thank you for coming.
 B Happy Birthday! Thank you for _____ me.

2 A What is your hobby?
 B I'm interested in _____ model airplanes.

3 A What do you usually do during winter vacation?
 B I go to the Alps in Switzerland and enjoy _____.

4 A Did you finish _____ the newspaper?
 B Not yet. If you want to, you can read it first.

D 다음 우리말과 같은 뜻이 되도록 동명사를 이용하여 영작하시오.

1 아침에 일찍 일어나는 것은 매우 힘들다. (get up, hard)
 → _____

2 우리 할머니는 식물을 잘 재배하신다. (be good at, grow)
 → _____

3 우리는 주말마다 호수 주변을 산책하는 것을 좋아한다. (be fond of, take walks)
 → _____

UNIT 08

동명사 vs. to 부정사
Gerunds *vs.* to Infinitives

동사가 동사를 목적어로 취할 때, 목적어가 되는 동사는 반드시 동명사 형태나 to부정사 형태를 취하게 된다. 이때 동사에 따라 동명사만을 목적어로 취하는 경우, to부정사만을 목적어로 취하는 경우, 둘 다 취하는 경우로 나눌 수 있다.

■ 동명사만을 목적어로 취하는 동사

enjoy, finish, give up, mind, avoid, stop 등의 동사는 동명사만을 목적어로 취한다.

동사의 종류	예문
enjoy +-ing ~을 즐기다	I enjoyed **reading** books in English.
finish +-ing ~을 끝내다	We finished **mopping** the floor.
give up +-ing ~을 포기하다	Susie gave up **persuading** him.
mind +-ing ~을 꺼리다	He didn't mind **turning** off the stereo.
avoid +-ing ~을 회피하다	Karl avoided **meeting** John.
stop [quit] +-ing ~을 끝내다	Ms. Johnson stopped [quit] **driving** a car.
put off +-ing ~을 미루다	My father put off **going** to the movies.
practice +-ing ~을 연습하다	She practiced **playing** the violin all day.
admit +-ing ~을 인정하다	They admitted **having** done it to George.
deny +-ing ~을 부정하다	My teacher denied **having** said so.

■ to부정사만을 목적어로 취하는 동사

want, wish, hope, expect, choose, agree, promise, decide, plan, desire, determine, mean, refuse, learn 등의 동사는 to부정사만을 목적어로 취한다.

동사의 종류		예문
want to ~을 원하다	wish to ~을 원하다	I want **to see** Mary.
choose to ~을 선택하다	refuse to ~을 거절하다	He chose **to stay** here.
agree to ~을 동의하다	hope to ~을 바라다	They agreed **to move** to the countryside.
promise to ~을 약속하다	expect to ~을 기대하다	His mother promised **to buy** him a digital camera.
decide to ~을 결정하다	determine to ~을 결정하다	Janet decided **to keep** the dog.
plan to ~을 계획하다	desire to ~을 소망하다	My parents are planning **to travel** in the country.
mean to ~할 작정이다	learn to ~을 배우다	What do you mean **to do**?

■ 동명사와 to 부정사를 모두 목적어로 취하는 동사

begin, start, like, love, hate, continue 등의 동사는 동명사와 to부정사를 모두 목적어로 취하며 의미상 약간의 뉘앙스 차이만 있을 뿐 큰 차이는 없다. 반면, remember, forget, regret 등은 목적어가 동명사인지, to부정사인지에 따라 의미가 달라진다.

의미	동사의 종류		목적어	예문
의미 차이 없음	begin, start, like, love, hate, continue		-ing +to부정사	I love **going** [to go] to parties. It begins **raining** [to rain] heavily.
의미 차이 있음	과거의 일	remember forget regret	+-ing	I remember **meeting** Philip last year. (과거에) ~한 것을 기억하다 I forgot **visiting** Tom last year. (과거에) ~한 것을 잊다
	미래의 일		+to부정사	I remember **to meet** Philip tomorrow. (미래에) ~할 것을 상기하다 I forgot **to turn off** the radio when I went out. (미래에) ~할 것을 잊다

●●● *cf.* 「stop +-ing」: ~하는 것을 멈추다
　　　　　「stop + to부정사」: ~하기 위해 (하던 일을) 멈추다

I stopped **reading** the book.
I stopped **to read** the sign.

🆃🅸🅿 remember나 forget이 to부정사와 동명사를 목적어로 취할 때 의미가 달라지는 이유는, 동명사에는 주로 과거의 의미가 담겨 있고 to부정사에는 미래의 의미가 담겨 있기 때문이다.

EXERCISE

A 다음 ( ) 안에서 알맞은 말을 고르시오.

1 She learned (to ride, riding) a horse from her father when she was young.

2 I forgot (to turn off, turning off) the light last night. So my dad turned it off this morning.

3 Cindy finished (to mop, mopping) the floor and (to wash, washing) the dishes.

4 I stopped (to play, playing) tennis when I got married.

B 다음 두 문장이 같은 뜻이 되도록 빈칸에 알맞은 말을 쓰시오.

1 I don't think it's a good idea to talk to him.
  → It's better to avoid _____ _____ _____.

2 I remember that I bought the earrings for her.
  → I remember _____ the earrings for her.

3 I forgot that I had met the girl called Jenny.
  → I forgot _____ the girl called Jenny.

C 다음 대화를 읽고, 문장의 빈칸에 알맞은 말을 쓰시오.

1 Mom Please write to me every week.
  Tom Yes, Mom. I will.
  → Tom promised _____ _____ to his mom every week.

2 Steve I'm getting tired of living in the big city. Can we just move out of here?
  Sarah That's what I have been thinking. Let's find a house in the countryside.
  → Sarah agreed _____ _____ _____ _____ the big city.

D 다음 ( ) 안에 주어진 말을 사용하여 우리말을 영작하시오.

1 그녀는 3년 동안 피아노 치는 연습을 해 왔다. (practice, three years)
  → _____

2 그는 한 달 전 수학 공부를 포기했다. 그는 이제 무얼 하는 것도 즐거워하지 않는다.
  (give up, enjoy, nothing)
  → _____

3 Matthew는 우리를 돕는 것을 거절했다. (refuse)
  → _____

UNIT 09 기타 동명사 구문
Additional Gerund Formations

■ **동명사의 의미상 주어**

의미상 주어를 표시하는 경우 : 원칙적으로 동명사의 의미상 주어는 동명사의 실제 행위 주체로서 보통 동명사 앞에 소유격으로 나타낸다. 그러나 구어체에서는 종종 목적격으로도 사용한다.

I appreciate	*her*	**coming** to my birthday party.
Can you imagine	*Gary's*	**cooking** dinner for me?

의미상 주어를 생략하는 경우 : 문장의 주어가 의미상의 주어와 일치하거나, 목적어가 의미상 목적어와 일치하는 경우, 또 일반인이 의미상 주어인 경우에는 동명사의 의미상 주어를 생략한다.

I'm sorry for **giving** you some trouble.

Thank you for **helping** me with my work.

■ **동명사의 부정**　　동명사의 부정은 동명사 바로 앞에 not이나 never와 같은 부정어를 넣으면 된다.

My wife is worried about	*not*	**looking** healthy.
Thank you for	*not*	**breaking** your promise.
Excuse me for	*not*	**answering** your phone call.

■ **동명사의 관용적 표현**　　동명사가 포함된 관용적으로 쓰이는 표현들이 있다.

표현	예문
go -ing ～하러 가다	Sandra usually **goes hiking** on Saturdays.
feel like -ing ～하고 싶다	Tim **feels like having** something delicious.
be worth -ing ～할 가치가 있다	The books **aren't worth reading** at all.
be busy -ing ～하느라 바쁘다	I **was** so **busy taking** care of my baby that night.
be used to -ing ～하는 데 익숙하다	Karl **is used to getting** up early in the morning.
spend＋시간[돈] -ing ～하는 데 시간[돈]을 쓰다	Lucy **spent** all the money **buying** new furniture.
cannot help -ing ～하지 않을 수 없다	We **couldn't help admiring** him.
have difficulty (in) -ing ～하는 데 어려움이 있다	Tricia **had difficulty finding** the store.
look forward to -ing ～하기를 고대하다	I am **looking forward to seeing** you.
object to -ing ～하는 데 반대하다	I **object to accepting** his suggestion.
It is no use -ing ～해도 소용없다	**It is no use crying** over spilt milk.
What do you say to -ing? ～하는 게 어때?	**What do you say to playing** baseball after lunch?

TIP be used to나 look forward to와 같은 표현에서 to는 to부정사가 아니라 전치사이다. 이때는 뒤에 명사나 동명사가 오므로 혼동하지 않도록 주의한다.

A 다음 중 어법상 맞는 문장에는 ○표, 어색한 문장에는 ×표 하시오.

1 I appreciate your coming to my birthday party. (   )

2 I was sorry for not to answer your letter. (   )

3 Katie is used to get up early in the morning. (   )

4 Thank you for not blaming me for the result. (   )

B 다음 밑줄 친 부분을 바르게 고쳐 쓰시오.

1 I was busy <u>to write</u> an essay for the contest.

2 Mom blamed me about <u>keeping not</u> my promise.

3 Jake was used <u>to transfer</u> buses downtown.

C 다음 대화의 빈칸에 알맞은 말을 〈보기〉에서 골라 바른 형태로 쓰시오.

| 보기 | tell | laugh | climb | fly | grow | sleep |

1 A We gave up _____ the mountain because it was too cold.
   B That's too bad.

2 A I don't mind _____ on the sofa.
   B Isn't it uncomfortable?

3 A You look so funny. I can't help _____.
   B Don't tease me.

D 다음 우리말과 같은 뜻이 되도록 빈칸에 알맞은 말을 쓰시오.

1 만약 네가 밴쿠버를 방문하고 싶다면 사진기를 가져가는 것을 잊지 마라.
   → If _____ _____ _____ _____ Vancouver, don't forget
   to bring your camera.

2 Alicia는 다음 달에 태국에 가는 것을 학수고대하고 있다.
   → Alicia is _____ _____ _____ _____ to Thailand next
   month.

3 회의에 참석하지 못해서 정말 죄송합니다.
   → I'm very sorry for _____ _____ the meeting.

01 다음 빈칸에 들어갈 말이 바르게 짝지어진 것은?

> • Do you enjoy _____ to classical music alone?
> • I forgot _____ this parcel. I have to go to the post office now.

① listen – to mail   ② listening – mailing

③ listening – to mail   ④ to listen – mailing

⑤ to listen – to mail

02 다음 빈칸에 들어갈 말로 어색한 것은?

> They _____ to hold a welcoming party for Sean.

① agreed   ② decided   ③ planned

④ wished   ⑤ minded

03 다음 대화의 밑줄 친 ①~⑤ 중 어법상 어색한 것은?

> A Most <u>women</u> <u>are worried</u> <u>about</u> not
>   ①   ②   ③
> <u>look</u> younger.
> ④
> B You <u>can say</u> that again.
>   ⑤

04 다음 밑줄 친 부분을 to부정사로 바꿔 쓸 수 <u>없는</u> 것은?

① My dream is <u>winning</u> a lottery.

② I don't like <u>speaking</u> in public.

③ Suddenly, the baby began <u>crying</u>.

④ <u>Watching</u> too much TV isn't good for your eyes.

⑤ I object to <u>going</u> to the zoo.

05 다음 짝지어진 두 문장의 의미가 같지 <u>않은</u> 것은?

① My grandfather stopped drinking.
  → My grandfather stopped to drink.

② My brother is very good at singing.
  → My brother sings very well.

③ I forgot to tell you this.
  → I forgot that I should tell you this.

④ Jim began to complain about his job.
  → Jim began complaining about his job.

⑤ My goal is to win a gold medal in the Olympic games.
  → My goal is winning a gold medal in the Olympic games.

[6~7] 다음 (　) 안의 단어들을 사용하여 우리말을 영어로 옮기시오.

06

> 그는 집에서 TV 보는 데 너무 많은 시간을 보낸다.
> (spend, watch, home)

→ _____

07

> 저 빵집의 케이크는 먹어볼 가치가 있다.
> (bakery, worth, eat)

→ _____

08 다음 대화의 빈칸에 알맞은 말은?

> A Mom, I'm going out. I'll be back by six.
> B Tom, we've run out of salt. Don't forget _____ some when you come home.

① buy   ② buying   ③ to buy

④ to buying   ⑤ being bought

09 다음 〈보기〉의 밑줄 친 부분과 쓰임이 <u>다른</u> 것은?

> 보기 I love <u>going</u> shopping.

① Bill gave up <u>buying</u> the tickets.
② David is poor at <u>drawing</u> pictures.
③ Look at the <u>flying</u> butterflies over the roses.
④ His main interest is <u>taking</u> care of poor people.
⑤ <u>Walking</u> the dog every morning is my job.

10 다음 중 어법상 <u>어색한</u> 문장은?

① I'm really sorry for being late for the meeting.
② There's no chance of closing my school.
③ He was looking forward to his son's getting better.
④ Mini prefers cleaning not the house on weekends.
⑤ Walter decided to leave for India next month.

[11~12] 다음 두 문장이 같은 뜻이 되도록 빈칸에 알맞은 말을 쓰시오.

11

> My mother cooks very well.
> → My mother is very good at _____ .

12

> John remembered that he had not bought a ticket.
> → John remembered _____ _____ a ticket.

13 다음 우리말을 영어로 옮길 때 빈칸에 알맞은 말을 쓰시오.

> 어려움으로부터 도망치는 것은 소용없는 일이다.
> → It is no _____ _____ away from difficulties.

14 다음 밑줄 친 부분 중 어법상 <u>어색한</u> 것은?

> My grandfather enjoys ① <u>smoking</u> a lot. But now he should stop ② <u>smoking</u> because he's got a health problem. Last month, Dr. Kim strongly advised him to quit ③ <u>to smoke</u> and he said he would. From then on, he tried ④ <u>to quit</u> but it was too difficult for him. Now he says, "Maybe I should give up ⑤ <u>stopping</u> smoking. It's too hard."

15 다음 ( ) 안의 단어를 각각 알맞은 형태로 쓰시오.

> After I entered college, I decided ⓐ (travel) around the world and I was planning ⓑ (go) to Europe with my friends. But they couldn't come with me for some reasons, and in the end I had to travel by myself. For the first time, I was afraid of ⓒ (be) alone. But as time went by, I could realize there were so many people traveling alone.

ⓐ _____   ⓑ _____

ⓒ _____

LET'S DRILL

 다음 ( ) 안에서 알맞은 말을 고르시오. (경우에 따라 답이 두 개일 수 있음)

1 Mr. and Mrs. Brown enjoy (to play, playing) tennis.

2 Alex is really good at (playing, to playing) chess.

3 The old gentleman stopped his car (helping, to help) me fix my car.

4 The old lady avoids (to travel, traveling) by plane whenever she can.

5 The little kid hates (to eat, eating) spinach.

 다음 문장의 <u>틀린</u> 부분을 바르게 고쳐 문장을 다시 쓰시오.

1 I don't mind to sit in an aisle seat.

→ _____

2 We chose buy fast food instead of cook something.

→ _____

3 He stopped to eat breakfast and rushed to the bus stop.

→ _____

4 It is important to not believe all they said.

→ _____

 다음 문장의 빈칸에 ( ) 안의 단어를 알맞은 형태로 바꿔 쓰시오.

1 _____ a dog is very good for old people. (raise)

2 I won't give up _____ on a diet. (go)

3 I think I'm overweight. So I've decided to stop _____ junk food. (eat)

4 The man doesn't like _____ on the phone. (talk)

D 다음 우리말과 같은 뜻이 되도록 빈칸에 알맞은 말을 쓰시오.

1 나는 친구들과 농구하는 것을 정말로 즐긴다.
→ I really enjoy _____ basketball with my friends.

2 음악 좀 꺼도 괜찮겠니?
→ Do you _____ _____ off the music?

3 편지 쓰는 것을 끝냈니?
→ Did you _____ _____ the letter?

4 나는 케이크 굽는 데 서툴다.
→ I'm not _____ _____ _____ cakes.

5 나는 오늘 오후 회의에 가지 않을 생각이다.
→ I'm thinking of _____ _____ to the meeting this afternoon.

6 나와 함께 한 시간들을 꼭 기억해 줘.
→ Please _____ _____ a great time with me.

E 다음 두 문장이 같은 뜻이 되도록 빈칸에 알맞은 말을 쓰시오.

1 I remember that I made a promise with Susie.
→ I remember _____ a promise with Susie.

2 Bill remembered that he should meet Jane next month.
→ Bill remembered _____ Jane next month.

3 Don't forget you should buy some cheese on the way home.
→ Don't forget _____ some cheese on the way home.

4 Jessica made an effort to solve the problem.
→ Jessica tried _____ the problem.

5 A doctor advised me to stop smoking, but I'm not a non-smoker yet.
→ I'm trying _____ smoking, but it's not easy _____.

01 다음 문장의 빈칸에 알맞은 말은?

> The roof _____ yet. The workers said they would finish it by this afternoon.

① doesn't repair　　② didn't repair
③ is repaired　　④ is not repaired
⑤ is not repairing

[2~3] 다음 중 밑줄 친 부분이 어법상 어색한 것을 고르시오.

02 ① The city is filled with smog.
② The pond is covered for ice.
③ Jeff is not interested in history.
④ We are not satisfied with his work.
⑤ Boa is known to everyone in Japan.

03 ① Can I have a sheet of paper to write?
② They need more material to use.
③ There is nothing to check any more.
④ Susan bought some books to read.
⑤ David is not a man to say such a thing.

04 다음 중 어법상 어색한 문장은?
① We're sorry for not being on time.
② I appreciate your coming to me.
③ Jim is used to keep a diary in French.
④ Patty had difficulty going on a diet.
⑤ My parents objected to my marrying Jade.

05 다음 짝지어진 두 문장의 의미가 같지 않은 것은?
① Ann remembered meeting him once.
→ Ann remembered that she had met him once.
② James wanted to buy some milk, so he went to the mart.
→ James went to the mart to buy some milk.
③ We didn't know where to go.
→ We didn't know where we should go.
④ Playing table tennis is a lot of fun.
→ To play table tennis is a lot of fun.
⑤ Lance stopped talking to his friend.
→ Lance stopped to talk to his friend.

06 다음 대화의 밑줄 친 부분 중 어법상 어색한 것은?

> A Don't forget to turning off the computer
> 　　　　　①　　　　　②
> when you go out.
> 　　　　　③
> B Okay, Mom. I'll be back by seven.
> 　　　　　　　　④　　　　⑤

07 다음 중 밑줄 친 부분의 쓰임이 〈보기〉와 같은 것은?

> 보기 Judy decided to lose some weight.

① I'm very happy to help you.
② Peter has no one to play with.
③ Sarah Chang grew up to be a violinist.
④ Taewhan wanted to see Yeona again.
⑤ Bill studied hard to get a good grade.

[8~9] 다음 중 밑줄 친 부분의 쓰임이 <u>다른</u> 것을 고르시오.

08
① I don't mind <u>driving</u> a car myself.
② <u>Riding</u> a bike makes me feel fresh.
③ Please stop <u>talking</u> while I'm explaining.
④ Don't be afraid of <u>speaking</u> in English.
⑤ He was <u>washing</u> the dishes when I came in.

09
① Can you get me something <u>to eat</u>?
② Jane has no relatives <u>to depend on</u>.
③ There are many things <u>to enjoy</u> here.
④ Lisa went to New York <u>to visit</u> her friend.
⑤ Mr. Brown doesn't have enough money <u>to buy</u> the hat.

10 다음 중 빈칸에 들어갈 수 <u>없는</u> 것은?

> My brother and I _____ watching the movie on TV.

① disliked ② finished ③ agreed
④ loved ⑤ gave up

[11~12] 다음 빈칸에 들어갈 말이 바르게 짝지어진 것을 고르시오.

11
> • Mark stopped his car _____ up his sister.
> • Don't forget _____ up the laundry.

① picking – picking
② picking – to pick
③ to pick – picking
④ to pick – to pick
⑤ to be picking – to pick

12
> • How many languages _____ in the Philippines?
> • *Romeo and Juliet* _____ by Shakespeare.

① used – is written
② are used – was written
③ are used – wrote
④ are using – was written
⑤ have been using – written

13 다음 빈칸에 공통으로 들어갈 말을 쓰시오.

> • _____ his dog is his favorite activity.
> • Sarah enjoys _____ every morning.

14 다음 ( ) 안의 단어들을 바르게 배열하여 대화를 완성하시오.

> A Where have you been? Brian is looking for you.
> B Brian? Why?
> A I don't know. He seems to have _____.
>
> (important / you / tell / something / to)

15 다음 문장을 it을 주어로 하여 다시 쓰시오.

> To brush your teeth three times a day is very important.

→ _____

16 다음 문장을 수동태로 바꿔 쓰시오.

> Lisa composed this opera.

→ _____

17 다음 대화의 ①~⑤ 중 어법상 어색한 문장은?

> A ① What are you doing, Sena?
> B ② I'm reading a travel guide.
> A ③ Do you intend to travel? When? Where?
> B ④ I'm planning travel by bike in Europe this summer.
> A By bike? ⑤ Don't you think it's too hard?
> B Maybe it is hard, but it's worth trying, though.

18 다음 밑줄 친 ①~⑤ 중 어법상 어색한 것을 골라 바르게 고쳐 쓰시오.

> Last year, my English teacher said, "① Keeping a diary in English is the best way ② to improve English." After I heard this, I decided ③ following her advice because I really wanted to improve my English. From then on, I tried ④ to keep a diary in English, and now I enjoy ⑤ doing that before going to bed.

_____ → _____

[19~20] 다음 빈칸에 들어갈 말이 바르게 짝지어진 것을 고르시오.

19

> _____ good books is very important for children. How can we, parents, lead our children to read good books? Here is the answer. You should be a good model yourself. Let them see that you read and think about the books you've read. They will learn by _____ the behavior of their parents.
> * behavior 행동

① Read – imitating
② Reading – imitating
③ Reading – imitate
④ To read – imitate
⑤ To read – being imitated

20

> A I hate _____ Chinese. It's too difficult for me.
> B But you know that Chinese is very important.
> A Right. So I've decided _____ a special machine.
> B What do you mean?
> A It is a tiny little device. If you put it in your ear, it will translate all kinds of languages into your native language.
> B Sounds great!

① studied – to invent
② studying – inventing
③ to study – inventing
④ studying – to invent
⑤ studying – invent

WRITING  TIME

A 다음 ( ) 안에 주어진 말을 사용하여 우리말을 영작하시오.

1 규칙적으로 운동하는 것은 중요하다. (it, important, to exercise)

➔ _____

2 시청으로 어떻게 가는지 말해 줄 수 있나요? (can, tell, how, to get)

➔ _____

3 나는 기분 전환을 위해 뭔가 흥미로운 것을 하고 싶다.

(feel like, exciting, for a change)

➔ _____

B 다음 우리말을 수동태를 이용하여 영작하시오.

1 그 도시는 언제나 스모그로 가득차 있다. ➔ _____

2 이 소설은 Henry James가 쓰지 않았다. ➔ _____

3 이 책은 먼지로 덮여 있다. ➔ _____

C 다음 지시하는 내용에 따라 주어진 글을 완성하시오.

1 다음 ( ) 안의 단어를 사용하여 Paul의 장래 희망에 관한 글을 완성하시오.

Paul likes _____ things for himself. (build) He is good at
_____ everything. (fix) Many things like model airplanes and toy
robots _____ by Paul. (make) Paul wants _____ a
scientist when he grows up. (become)

2 위의 완성된 글을 활용하여 Mary의 장래 희망에 관한 글을 완성하시오.

Mary likes _____. She is good at _____.
_____ by Mary. She wants
_____ when she grows up.

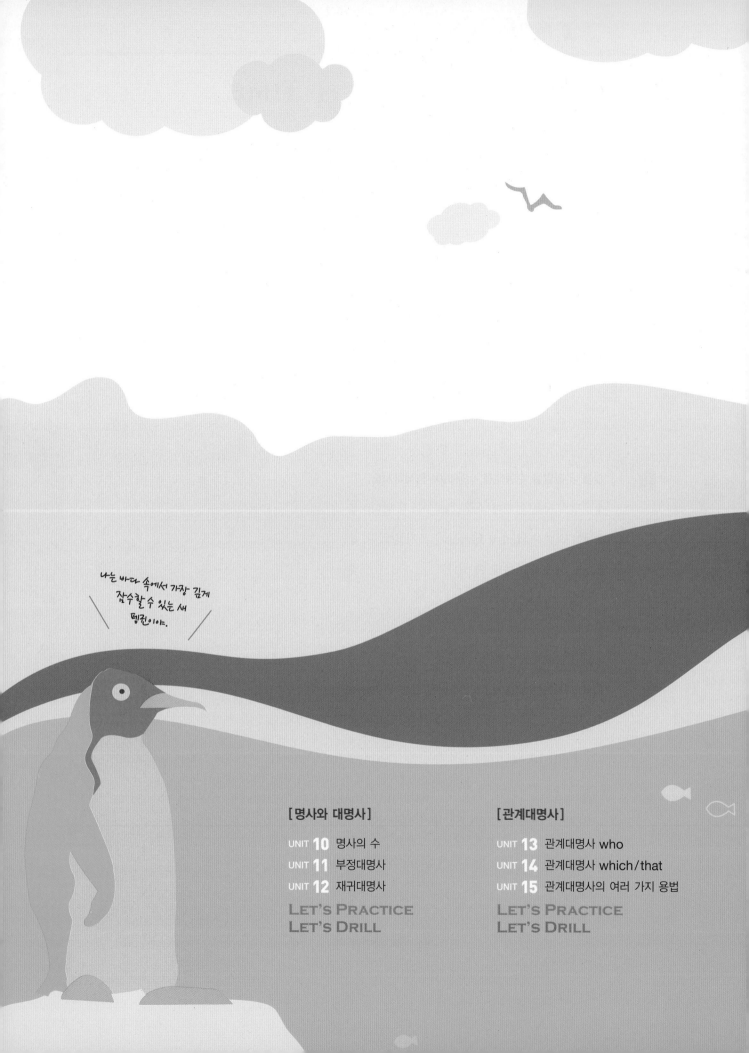

나는 바다 속에서 가장 깊게
잠수할 수 있는 새
펭귄이야.

CHAPTER II

명사의 수
Noun Quantifiers

명사란 사물이나 사람의 이름을 나타내는 말로서, 하나 또는 한 사람을 나타내는 단수와, 두 개 이상, 또는 두 사람 이상을 나타내는 복수 형태가 있다.

■ 복수의 형태

규칙	예
대부분의 명사+-s	apple**s**, book**s**, car**s**, pencil**s**, flower**s**
-s, -ss, -sh, -ch, -x 등으로 끝나는 명사+-es	bus**es**, class**es**, dish**es**, bench**es**, box**es**
자음+y로 끝나는 명사 : y를 i로 고치고+-es	bab**ies**, cit**ies**, lad**ies**, stor**ies**
자음+o로 끝나는 명사+-es	hero**es**, potato**es**, tomato**es**
-f, -fe로 끝나는 명사 : f(e)를 v로 고치고+-es	kni**ves**, lea**ves**, wi**ves**, wol**ves**
불규칙 변화	child**ren**, f**ee**t, men, t**ee**th, women, m**i**c**e**
단 · 복수 동형	**deer**, **fish**, **sheep**
주로 복수형으로 쓰는 명사	glass**es**, pant**s**, scissor**s**, shoe**s**, sock**s**
복합명사는 명사 부분을 복수형으로 고침	m**en**servant**s**, passer**s**by, sister**s**-in-law

●●● -(f)e로 끝났지만 -s를 붙이는 명사들도 있다. *ex.* roof**s**, safe**s**, dwarf**s**

항상 복수형으로 쓰이는 단어들은 세는 단위인 a pair of와 함께 쓰이는 경우가 많다.

ex. **a pair of** pants (바지 한 벌), **a pair of** glasses (안경 한 개)

복합명사에서 명사 부분이 없을 때에는 마지막에 -s를 붙인다. *ex.* forget-me-not**s**, grown-up**s**

-o로 끝났지만 -s를 붙이는 명사 : 주로 어원이 외래어에서 온 경우가 많다. *ex.* photo**s**, piano**s**, radio**s**

■ 물질명사의 수량 표시 방법

단위명사+물질명사	예문
a glass of water/milk/juice (cold drinks)	I wanted **a glass of** water for my son. I wanted **two glasses of** water for my children.
a cup of coffee/tea/cocoa (hot drinks)	Please give me **a cup of** coffee. Please give us **two cups of** coffee.
a loaf of bread	There is **a loaf of** bread on the table. There are **two loaves of** bread on the table.
a pound of sugar/butter	We need **a pound of** butter to make the cake. We need **two pounds of** sugar to make the jam.
a slice of bread/pizza/toast	Jacob hasn't had even **a slice of** bread for three days. The kind girl gave him **two slices of** pizza.
a piece of paper/cake/cheese/chalk	I will save **a piece of** cake for you. There are only **two pieces of** cake for us.
a sheet of paper	Don't waste even **a sheet of** paper. There are **five sheets of** paper in the file.

EXERCISE

A 다음 ( ) 안의 명사를 알맞은 복수형으로 쓰시오.

1 All the _____ (baby) in the room are crying loudly.

2 We need three _____ (radio) for the performance.

3 There are a lot of beautiful _____ (dish) on the kitchen shelf.

4 Mr. Solleder has three _____ (child).

B 다음 빈칸에 가장 알맞은 말을 〈보기〉에서 골라 바른 형태로 쓰시오. (중복 불가)

보기	glass	cup	sheet	piece	slice	loaf	pound

1 Mom bought three _____ of bread at the store.

2 I'd like to have a _____ of pizza for lunch.

3 We need a _____ of sugar to make chocolate cake.

4 My teacher always brings two _____ of chalk to class, one white and the other red.

C 다음 대화의 빈칸에 알맞은 말을 〈보기〉에서 골라 바른 형태로 쓰시오.

보기	leaf	sheep	cow	child	scissor

1 A Mom, _____ are not very sharp.

　 B OK, I'll buy a pair of _____ on my way back.

2 A It's becoming cooler and cooler.

　 B It's autumn. The _____ are falling from the trees.

3 A My grandfather raises _____ and _____ on his farm.

　 B He probably takes care of them like his _____.

D 다음 우리말과 같은 뜻이 되도록 빈칸에 알맞은 말을 쓰시오.

1 신사 숙녀 여러분, George를 환영해 주십시오.

　 → _____ and _____, please welcome George.

2 우리는 아침 식사에 먹을 빵 두 덩어리가 필요하다.

　 → We need two _____ _____ _____ for breakfast.

3 나의 시누이들은 모두 훌륭한 여성들이다.

　 → All my _____ are wonderful _____.

4 나는 너무 목이 말라서, 물을 세 잔이나 마셨다.

　 → I was so thirsty that I drank three _____ _____ _____.

UNIT 11

부정대명사
Indefinite Pronouns

부정대명사란 정해지지 않은 불특정한 사람이나 사물, 수량 등을 나타내는 대명사를 말하며, 대표적인 것으로는 one, it, some, any 등이 있다. 이때 부정(不定)이란 긍정의 반대를 말하는 부정(negative)의 의미가 아님에 주의해야 한다.

■ one *vs.* it

구분	쓰임	예문
one	• 부정대명사(막연한 것 지칭) • 「a(n)+명사」 대신 • 복수형은 ones • 형용사의 수식을 받는다.	Can you lend me *a pen*? I need **one**. I want *a cell phone*, and I'll buy **one**. *Apples* are fresh. These **ones** are on sale now. I don't like *this skirt*. Show me a *pink* **one**.
it	• 지시대명사(정확히 정해진 것 지칭) • 「the(소유격, 지시형용사)+명사」 대신 • 복수형은 them • 형용사의 수식을 받을 수 없다.	Can you lend me *your pen*? I need **it**. I want *the cell phone*, so I'll buy **it**. *The apples* are fresh. I want to eat some of **them**. I don't like *this skirt*. Show me a *pink* **it**. (×)

●●● one이 사람에게 쓰이면 막연한 한 사람을 나타내기도 하며, one's와 같이 소유격으로도 쓰인다.
　　ex. **One** should keep **one's** promise. (사람은 누구나 약속을 지켜야 한다.)

■ 다양한 부정대명사

구분	쓰임	예문
some/any	'몇 개', '얼마', '어느 정도'라는 부정의 수량을 표현하는 대명사 긍정문에는 some을, 부정문, 의문문, 조건문에는 any를 씀 권유 또는 긍정의 의미일 경우 의문문, 부정문에도 some을 쓸 수 있음	Do you have **any** money? – Yes, I have **some**. / No, I don't have **any**. I want to read comic books. If you have **any**, please lend me **some**. These cookies are so delicious. Would you like **some**? (권유)
one ~ the other ...	(2개 중) '하나는 ~', '다른 하나는 …'의 의미이며 각각 단수로 씀	I have two uncles. **One** is a doctor, and **the other** is a soldier.
one ~ another ... the third ~	(다수의 대상 중에서) '하나는 ~', '또 하나는 …', 그리고 '세 번째는 ~' 등으로 설명할 때 사용	There are three flowers. **One** is a rose, **another** is a lily, and **the third** is a sunflower.
another	불특정 수량의 대상 중 단수 개념의 '다른 것'을 표현할 때 사용	I don't like this cap. Show me **another**.
others	불특정 수량의 대상 중 복수 개념의 '다른 것들'을 표현할 때 사용	We should think of **others** first.
some ~ others ...	전체의 수량이 구체적이지 않은 경우 '일부는 ~', '나머지들은 …'과 같이 일부와 나머지 모두를 표현할 때 사용	Not all of my classmates like sports. **Some** do, but **others** don't. (몇 명인지 알 수 없음)
some ~ the others ...	전체의 수량이 결정되어 있는 경우 '일부는 ~', '나머지들은 …'과 같이 일부와 남은 수량 모두를 표현할 때 사용	There are forty girls in my class. **Some** like sports, but **the others** don't. (some+the others = 40명)

EXERCISE

A 다음 ( ) 안에서 알맞은 말을 고르시오.

1 I don't like this one. Show me (another, the other).

2 Some people like sports, but (other, others) don't.

3 Can you lend me your watch? – Sorry, I don't have (one, it).

4 One of my two sisters is a teacher, and (another, the other) is a student.

5 The grapes look delicious. I want to eat some of (them, ones).

B 다음 밑줄 친 부분이 어법상 맞으면 ○표, 어색하면 ×표 하시오.

1 A Here are four flowers. Could you tell me the names of them?
  B Yes, one is a rose, another is a lily, and the others are tulips. (   )

2 A Do you have a pen?
  B Yes, I have it. (   )

3 A Give me some oranges.
  B I have nothing now. I had two oranges, but I gave one to Betty and the other to Allen. (   )

C 다음 문장의 빈칸에 알맞은 부정대명사를 쓰시오.

1 I'm looking for a skirt. How much is the black _____?

2 This is too tight for me. Let me see _____.

3 Some of my classmates love comic books, and _____ don't.

4 In our everyday lives, we should think of _____ first.

5 I have two aunts. One is a doctor, and _____ is a lawyer.

6 I have three cats. One is white, _____ is black, and _____ is gray.

D 다음 우리말과 같은 뜻이 되도록 빈칸에 알맞은 말을 쓰시오.

1 복숭아들이 맛있어 보이네요. 이것들은 얼마인가요?
  → The peaches look delicious. How much are _____ _____?

2 그들 중 다섯 명만이 살았고, 나머지는 죽었다.
  → Only five of them are alive, and _____ _____ are dead.

3 나는 딸이 세 명 있다. 한 명은 음악가이고, 다른 한 명은 화가이며, 나머지 한 명은 배우이다.
  → I have three daughters. _____ is a musician, _____ is a painter, and _____ _____ is an actress.

UNIT 12 재귀대명사
Reflexive Pronouns

재귀대명사는 주어의 동작 결과가 다시 주어에 영향을 미치는 관계를 나타내는 대명사로 '~ 자신'이라고 해석된다. one이 막연한 한 사람을 나타내는 말이므로, 모든 재귀대명사의 대표형은 oneself이다.

■ 재귀대명사

수\인칭	단수		복수	
	인칭대명사	재귀대명사	인칭대명사	재귀대명사
1인칭	I	myself	we	ourselves
2인칭	you	yourself	you	yourselves
3인칭	he	himself	they	themselves
	she	herself		
	it	itself		

■ 재귀대명사의 용법

역할	내용	예문
재귀용법	동사, 전치사의 목적어로 쓰인다.	Anne looked at **herself** in the mirror. Narcissus fell in love with **himself** at the stream.
강조용법	주어나 목적어를 강조할 때 쓰인다. (직접, 바로 그 ~)	I **myself** solved the question. She wanted to see the doctor **herself**.

■ 재귀대명사의 다양한 표현

구분	의미	예문
by oneself	혼자, 홀로	Lassie came back home **by herself**. (= alone)
for oneself	스스로, 혼자 힘으로	You have to do your homework **for yourselves**. (= without others' help)
of itself	저절로	The door locked **of itself**.
in itself	본래, 그 자체로는	It is harmless **in itself**.
help oneself (to)	~을 마음껏 먹다	There is a lot of candy in the house. Please come in and **help yourself** to the candy.
enjoy oneself	즐기다, 즐겁게 지내다	Cinderella **enjoyed herself** at the party.
between ourselves	우리끼리 하는 말인데	**Between ourselves**, David is not honest.
introduce oneself	자기 소개를 하다	Ladies and gentlemen, let me **introduce myself** to you.
make oneself at home	편히 지내다	Thank you for inviting me. – Just **make yourself at home**.
beside oneself with	~로 인해 제정신이 아닌	Tony was **beside himself with** joy because of the news.
say[talk] to oneself	혼잣말하다	Jane smiled at him but she **said to herself** that he was not her type.

EXERCISE

A 다음 문장의 빈칸에 알맞은 재귀대명사를 쓰시오.

1 Steve, do you believe in _____?

2 I looked at _____ in the mirror.

3 We didn't hurt _____ in any way.

4 The Eskimos wore fur coats to protect _____.

5 We learned that history always repeats _____.

6 The man hid _____ when people came in.

B 다음 밑줄 친 부분이 어법상 맞으면 O표, 어색하면 ×표 하시오.

1 A What a beautiful painting it is! Who painted it?
   B I did it <u>myself</u>. Thank you for the compliment. (   )

2 A Please help <u>you</u> to this spaghetti. (   )
   B Thank you, but I'm already full.

3 A It's so hot. Why did you close the door?
   B I didn't. It closed <u>of itself</u>. (   )

C 다음 두 문장이 같은 뜻이 되도록 빈칸에 알맞은 말을 쓰시오.

1 Don't go out alone late at night.
   → Don't go out _____ _____ late at night.

2 William had a good time at the party.
   → William _____ _____ at the party.

3 We finished the report without others' help.
   → We finished the report _____ _____.

D 다음 우리말과 같은 뜻이 되도록 빈칸에 알맞은 말을 쓰시오.

1 우리끼리 하는 말인데, Susan은 이기적이야.
   → _____ _____, Susan is selfish.

2 소크라테스는 "너 자신을 알라."라고 말했다.
   → Socrates said "_____ _____."

3 그녀는 가끔 혼잣말을 하나요?
   → Does she sometimes talk _____ _____?

4 제 소개를 하겠습니다.
   → Let _____ _____ _____ to you.

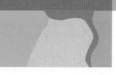
01 다음 문장의 빈칸에 공통으로 알맞은 것은?

- I had a _____ of pizza and some orange juice for lunch.
- He handed me a _____ of chalk to write with.

① cup   ② glass   ③ piece
④ slice   ⑤ loaf

02 다음 문장의 밑줄 친 단어 대신 쓸 수 있는 것은?

I went on vacation to Thailand alone.

① by oneself   ② by myself
③ of myself   ④ for oneself
⑤ to myself

03 다음 대화의 (   ) 안에서 알맞은 단어를 고르시오.

A I want to buy a house.
B What are you looking for?
A I'd like to buy (it, one, ones) with a swimming pool.

[4~5] 빈칸에 들어갈 말이 바르게 짝지어진 것을 고르시오.

04

- A How about this one?
  B It's not bad, but I don't like the color. Let me see _____.
- If you want to use my pen, I'll lend _____ to you.

① other − one   ② others − ones
③ the other − it   ④ another − it
⑤ another − others

05

I have two pets at home. _____ is a turtle, and _____ is an iguana.

① One − other   ② One − the other
③ Some − others   ④ Some − the other
⑤ Another − the other

06 다음 문장의 밑줄 친 부분 중 생략할 수 있는 것은?

① Sorry, I'm a stranger myself here.
② I couldn't make myself at home.
③ Please help yourself to the noodles.
④ She cut herself with a sharp knife.
⑤ Did you paint the fence by yourself?

07 다음 우리말과 같은 뜻이 되도록 빈칸을 채우시오.

나는 영어 마을에서 세 분의 선생님을 만났다. 한 사람은 미국인이고, 다른 사람은 영국인, 세 번째 사람은 캐나다인이었다.
→ I met three teachers at the English village. _____ was American, _____ was from the U.K., and _____ was from Canada.

08 다음 문장의 밑줄 친 부분이 어법상 어색한 것은?

① Her teeth look clean and white.
② A lot of fish live in this river.
③ There are a few tomatos in the refrigerator.
④ All of us have six classes a day.
⑤ Look at the monkeys with funny faces.

09 다음 두 문장이 같은 뜻이 되도록 빈칸을 채우시오.

All the people had a good time at the festival.
→ All the people _____ _____ at the festival.

10 다음 중 빈칸에 들어갈 말로 한번도 사용되지 <u>않은</u> 것은?

- I have lost my keyholder. I must buy a new _____.
- One of the twins lives in Canada and _____ is in England.
- I have three dogs. One is black and _____ are white.
- Do you have my notebook? I need _____ now.

① it ② another ③ one
④ the others ⑤ the other

[11~12] 다음 글을 읽고, 물음에 답하시오.

All snowflakes are different in their size or shape. But all of them have six sides. Some snowflakes melt when they hit the ground. ⓐ melt as they fall. When air is cold and dry, the falling snowflakes are small and hard. If the air is wet and warmer, the snowflakes are ⓑ .

11 위 글의 빈칸 ⓐ에 가장 알맞은 것은?

① Other ② Another
③ Others ④ The other
⑤ The others

12 위 글의 내용상 빈칸 ⓑ에 가장 알맞은 것은?

① wet and soft ② big and soft
③ big and dark ④ dry and long
⑤ soft and dark

13 다음 글의 빈칸에 공통으로 알맞은 것은?

Shy people don't enjoy being with _____. They feel very uncomfortable in any situation where _____ pay attention to them. They are often too worried about what _____ think of them. They are also afraid of speaking in front of _____ .

① one ② other ③ another
④ others ⑤ the others

[14~15] 다음 글을 읽고, 물음에 답하시오.

Pumpkins are found in many parts of the world. The first ⓐ probably grew in Peru, South America. These plants need a lot of space for growing. That's why they are usually planted in large fields in late spring. Groups of two or three seeds are placed about six feet apart. ⓑ plant that comes up will grow two or three pumpkins. When ripe, they weigh from 1 to 200 pounds.

14 빈칸 ⓐ, ⓑ에 알맞은 단어가 바르게 짝지어진 것은?

① they – Each ② they – All
③ ones – Each ④ ones – Some
⑤ ones – All

15 위 글의 pumpkins에 관한 내용과 일치하는 것은?

① 늦은 봄에 수확한다.
② 남미 지역에서만 자란다.
③ 넓은 공간에서 잘 자란다.
④ 호박의 무게는 300 파운드가 넘는다.
⑤ 세계 여러 나라에서 주식으로 이용된다.

LET'S DRILL

다음 (   ) 안에서 알맞은 말을 고르시오.

1 I was so hungry, so I ate a (glass, loaf) of bread.

2 My mother always drinks a (loaf, glass) of juice every day.

3 Will you bring me a (slice, sheet) of paper now?

4 If you'd like to use my cell phone, I can lend (one, it) to you.

다음 문장의 빈칸에 알맞은 재귀대명사를 쓰시오.

1 I looked at _____ in the water.

2 James came back home by _____.

3 The boys look at _____ in the mirror.

4 The girl enjoyed _____ at her birthday party.

5 Everybody says that history repeats _____.

6 Please come in and help _____ to this food.

다음 두 문장이 같은 뜻이 되도록 재귀대명사를 이용하여 빈칸에 알맞은 말을 쓰시오.

1 She had a good time on the blind date.
→ She _____ _____ on the blind date.

2 Sometimes I enjoy going to the movies alone.
→ Sometimes I enjoy going to the movies _____ _____.

3 I think a grown-up should learn to live without others' help.
→ I think a grown-up should learn to live _____ _____.

D 다음 문장의 빈칸에 알맞은 부정대명사를 쓰시오.

1 Some people like his plan, but _____ hate it.

2 If you need a fountain pen, I can lend you _____.

3 Only five of them came to visit, but _____ _____ didn't.

E 다음 우리말과 같은 뜻이 되도록 빈칸에 알맞은 것을 고르시오.

1 나에게 빵 두 덩어리를 주시오.

→ Give me _____, please.

① two loaf of breads   ② two loaves of breads   ③ two loaves of bread

2 이 모든 음식들을 맛있게 드세요.

→ _____ to all these food.

① Help yourself   ② Enjoy yourself   ③ Eat yourself

3 나는 아들이 세 명 있다. 그들은 각각 교사, 의사, 군인이다.

→ I have three sons. One is a teacher, _____ is a doctor, and _____ is a soldier.

① other – the third   ② another – the third   ③ another – the other

F 다음 우리말과 같은 뜻이 되도록 빈칸에 알맞은 말을 쓰시오.

1 나는 필기할 분필 한 자루가 필요하다.

→ I need _____ _____ _____ _____ to write with.

2 그 쌍둥이 중 한 명은 키가 크고, 다른 한 명은 작다.

→ _____ of the twins is tall, and _____ _____ is short.

3 어제 나는 요리를 하다가 칼로 베었다.

→ Yesterday while I was cooking, I _____ _____.

4 어떤 사람들은 고전 음악을 좋아하지만, 좋아하지 않는 사람들도 있다.

→ _____ people like classical music, but _____ _____.

13 관계대명사 who

Relative Pronouns: who

■ **관계대명사의 종류** 관계대명사는 문장과 문장을 연결해 주는 접속사 역할을 하는 동시에 절 속에서 대명사의 역할도 하는 단어로, 관계대명사 앞에는 수식을 받는 선행사(명사)가 오는 것이 보통이며 주격/소유격/목적격으로 쓰인다.

선행사	관계대명사		
	주격	소유격	목적격
사람	who	whose	whom[who]
사물, 동물	which	whose, of which	which
사람, 사물, 동물	that	–	that

●●● 선행사 : 관계대명사절의 수식을 받는 명사(구)를 말한다.

This is the man . + He teaches us music.

➡ This is the man **who** teaches us music.
　　　　　　　　　관계대명사절

➡ 여기서 the man이 선행사, who가 관계대명사이다.

■ **관계대명사 who** 선행사가 사람인 경우 쓰이는 관계대명사이다.

격	형태	예문
주격	who	I have *a friend* **who** lives in Daejeon. She is *the boss* **who** likes to work with me. Tina is *the model* **who** became famous recently.
목적격	who(m)	She is *the girl* **who(m)** I like. You are *the one* **who(m)** I'm in love with. Seo Taeji is *the singer* **who(m)** I admire most.
소유격	whose	I have *a friend* **whose** father is a doctor. I like *the boy* **whose** hair is very short. My brother wants *a girl* **whose** smile is lovely.

●●● 주격 관계대명사는 관계대명사절 안에서 주어 역할을 하고, 목적격 관계대명사는 목적어 역할을 한다. 따라서 주격 관계대명사 다음에는 주로 동사가 오며, 목적격 관계대명사 다음에는 「주어+동사」가 이어진다.

I know a girl. + She speaks English very well.

➡ I know *a girl* **who** speaks English very well. (주격 관계대명사-주어 역할)

She is the girl. + I've been looking for her.

➡ She is *the girl* **who(m)** I've been looking for. (목적격 관계대명사-목적어 역할)

EXERCISE

A 다음 문장의 빈칸에 알맞은 관계대명사를 쓰시오.

1 Ms. Yun is the woman _____ teaches us art.

2 I have a friend _____ father is a famous actor.

3 She is the person _____ I talked about the other day.

4 Boys like a girl _____ hair is straight and very long.

5 Jane is the one _____ I play badminton with every day.

B 다음 대화의 ( ) 안에서 알맞은 말을 고르시오.

1 A Who is that guy?
  B He is the boy who (come, comes) to see me.

2 A What does your father like?
  B He likes a horse (who, whose, whom) name is Mustang.

3 A Have you heard that Tony's car was stolen?
  B Really? The man (who, whose, whom) looked at his car yesterday must have been the thief.

C 다음 두 문장을 관계대명사를 이용하여 한 문장으로 쓰시오.

1 Julie is the girl. She speaks English best in my class.
  → _____

2 I like the boy. His voice is so kind and sweet.
  → _____

3 She is the woman. I've met her at the library.
  → _____

4 Michael is talking to the man. I'm really interested in him.
  → _____

D 다음 우리말과 같은 뜻이 되도록 빈칸에 알맞은 말을 쓰시오.

1 너는 내가 가장 사랑하는 여인이다.
  → You are the woman _____ _____ _____ best.

2 나는 눈이 연한 녹색인 친구가 한 명 있다.
  → I have a friend _____ _____ _____ light green.

3 Johnny는 많은 히트곡을 가진 가수이다.
  → Johnny is the singer _____ _____ a lot of hit songs.

관계대명사 which / that
Relative Pronouns: which / that

■ **관계대명사 which**   선행사가 사물, 동물인 경우 쓰이는 관계대명사이다.

격	형태	예문
주격	which	I have *a dog* **which** runs very fast. Is this *the train* **which** goes to Busan? This is *the car* **which** was made in Korea.
목적격	which	This is *the book* **which** I bought yesterday. He returned *the money* **which** he borrowed. *The motorcycle* **which** he is driving looks dangerous.
소유격	whose of which	Look at *the house* **whose** roof is green. = Look at *the house*. + Its roof is green. *cf.* Look at the house *the* roof **of which** is green. 　= Look at the house. + The roof of it is green. I will buy an apartment **whose** kitchen is large. = I will buy an apartment *the* kitchen **of which** is large.

●●● 소유격 관계대명사인 whose는 선행사가 사람, 사물일 때 모두 그 형태가 같으며, of which는 명사 앞에 the가 온다는
차이점이 있는데 구어체에서는 거의 잘 쓰이지 않는 문어적인 표현이다.

■ **관계대명사 that**   선행사가 사람, 사물, 동물인 경우에 두루 쓰이는 관계대명사로, who/whom/which 대신 쓸 수
있다.

격	형태	예문
주격	that	That is *the man* **that**[**who**] teaches us music. He gave me *a ring* **that**[**which**] was so expensive.
목적격		She is *the woman* **that**[**whom**] I've been looking for. He has found *the cell phone* **that**[**which**] you lost.

●●● 관계대명사 that *vs.* 접속사 that
관계대명사로 쓰인 that은 다음에 절을 이끌고 앞에는 선행사로 쓰인 명사가 있다. 접속사 that은 앞뒤가 모두 「주어+
동사」인 두 개의 절을 연결하는 역할을 한다.
〈관계대명사〉　He is *the person* **that** everybody likes.
〈접속사〉　　　He knows **that** everybody likes him.

EXERCISE

A 다음 문장의 빈칸에 알맞은 관계대명사를 쓰시오.

1 This is the sweater _____ I bought yesterday.

2 Show me the watch _____ was made in Japan.

3 She lives in a house _____ roof and fence are white.

4 The car _____ James is driving now is his father's.

5 Korea is a country _____ history is very long.

B 다음 대화의 (   ) 안에서 알맞은 말을 고르시오.

1 A What did Sarah give to you?
　 B She gave me the pencils (which, of which) are made in USA.

2 A Look at the house (which, whose) roof is worn.
　 B What a terrible house it is!

3 A What is this?
　 B It is the camera (that, of which) my father likes most.

C 다음 두 문장을 관계대명사를 이용하여 한 문장으로 쓰시오.

1 Can you see the bird? It is singing in the trees.
　→ _____

2 Look at the building. Its gate is black and white.
　→ _____

3 That is the bridge. It is the longest in the world.
　→ _____

4 Canada is a country. Its population is very thin.
　→ _____

D 다음 우리말과 같은 뜻이 되도록 빈칸에 알맞은 말을 쓰시오.

1 너는 내가 찍은 사진들을 봤니?
　→ Did you see the pictures _____ _____ _____?

2 그가 나에게 보낸 편지는 감동적이었다.
　→ The letter _____ _____ _____ me was touching.

3 나는 결말이 행복한 영화를 좋아한다.
　→ I like the movies _____ _____ _____ happy.

UNIT 15 관계대명사의 여러 가지 용법
Uses of Relative Pronouns

■ 관계대명사 that만 쓰는 경우

선행사	예문
사람+동물, 사람+사물	*The boy and his dog* **that** were running were hit by a car. *The driver and his car* **that** fell into the water have not been found.
서수 / 최상급+명사	He is *the first man* **that** won the gold medal. It was *the best music* **that** I've ever heard.
the very / the only / the same / every / all+명사 all / -thing	He is *the very man* **that** I wanted to meet. You are *the only person* **that** can help me. She answers *every letter* **that** she receives. I gave them *all* **that** I had in my purse.

■ 관계대명사 what

what은 선행사를 포함하는 관계대명사로 '~하는 것'이라고 해석한다. 문장에서 주어, 목적어, 보어 자리에 올 수 있으며, the thing that으로 바꾸어 쓸 수 있다.

관계대명사	예문
what	**What** you said is true. 주어 (= The thing that you said) I will do **what** I can do for you. 목적어 (= the thing that I can do for you) That's **what** I have been thinking. 보어 (= the thing that I have been thinking)

●●● 관계대명사 what vs. 의문사 what

관계대명사 what은 '~하는 것'이라고 해석되며, 의문사 what은 '무엇'이라고 해석된다. 둘 다 똑같이 명사절을 이끈다.

〈관계대명사〉 I wanted **what** Jim had in his hand. (나는 Jim이 손에 쥐고 있던 것을 원했다.)

〈의문사〉 I asked **what** Jim had in his hand. (나는 Jim이 손에 쥐고 있는 것이 무엇인지 물었다.)

TIP 관계대명사 what에는 의문의 뜻이 포함되어 있지 않다.

■ 관계대명사의 생략

관계대명사	예문
목적격 관계대명사	This is the biggest man (**that**) I have ever met. This is the doll (**which**[**that**]) my mother made for me.
현재분사/과거분사가 이어질 때의 「주격 관계대명사+be동사」	The boy (**who is**) playing the guitar is Peter. The soldier (**who was**) wounded in the war came back.

●●● 목적격 관계대명사 앞에 전치사가 오는 경우에는 관계대명사를 생략할 수 없다.

This is the house (**which**) the president lives in.

This is the house **in which** the president lives.

●●● 소유격 관계대명사는 앞뒤의 두 단어 사이에서 그들을 잇는 소유 관계의 역할을 하므로 생략할 수 없다.

Hand me the book **whose** cover is torn.

This is the house **whose** windows were broken.

관계대명사

EXERCISE

A 다음 ( ) 안에서 알맞은 말을 고르시오.

1 Please give me (that, what) you have in your pocket.

2 She is the only student (who, that) is well-mannered.

3 This is the very book (which, that) I've been looking for.

4 (What, That) he just said to us is not true at all.

5 Peary was the first man (who, that) reached the North Pole.

B 다음 밑줄 친 부분이 관계대명사인지 의문사인지 구분하시오.

1 A Tell me <u>who</u> wrote this letter to me.
   B I don't have any idea.

2 A Do you know the girl <u>whose</u> hair is blonde?
   B She's Allison, my younger sister.

3 A I didn't write down <u>what</u> the professor said.
   B OK, I'll repeat it again. Write it down.

C 다음 중 생략할 수 있는 부분을 생략하여 문장을 다시 쓰시오.

1 I got a love letter which was written in English.

   → _____

2 They have a daughter whom they are proud of.

   → _____

3 The girls who are dancing on the stage are my sisters.

   → _____

4 That is the game which I'm crazy about these days.

   → _____

D 다음 우리말과 같은 뜻이 되도록 빈칸에 알맞은 말을 쓰시오.

1 이것은 내가 잃어버린 것과 같은 지갑이다.
   → This is the same wallet _____ _____ _____.

2 우리들이 필요로 하는 것은 사람들의 작은 관심이다.
   → _____ _____ _____ is a little concern from people.

3 공포 영화는 내가 관심 있는 분야가 아니다.
   → Horror movies are not the field _____ _____ _____.

01 다음 문장의 빈칸에 가장 알맞은 것은?

> Jina is a girl _____ has very beautiful blonde hair.

① who   ② whom   ③ whose
④ which   ⑤ what

02 다음 문장의 빈칸에 공통으로 알맞은 말을 쓰시오.

> • You are the very one _____ I've been looking for.
> • She is the only person _____ can speak Chinese.
> • He is the first Korean _____ swam across the strait.

03 다음 중 빈칸에 들어갈 말로 한 번도 사용되지 <u>않은</u> 것은?

> • I saw a girl _____ had a large dog with her.
> • Look at the man and the cat _____ are walking along the river.
> • Thomas has a friend _____ job is a designer.
> • The woman _____ we met on the way is my teacher.

① whom   ② that   ③ whose
④ which   ⑤ who

04 다음 문장의 밑줄 친 what의 쓰임이 <u>다른</u> 것은?

① Nobody believes <u>what</u> they are saying.
② I'll do <u>what</u> I can do for my country.
③ Please tell me <u>what</u> your name is.
④ <u>What</u> you just heard is totally false.
⑤ That is not <u>what</u> I have wanted to say.

05 다음 문장의 밑줄 친 부분 중 생략할 수 <u>없는</u> 것은?

① I have something <u>that</u> I should tell you.
② Harry wants a car <u>which</u> runs very fast.
③ This is not the information <u>that</u> we need.
④ The house <u>which</u> he lives in is very large.
⑤ That is the music CD <u>that</u> I want to buy.

06 다음 문장의 빈칸에 what이 올 수 <u>없는</u> 것은?

① Everything _____ he said is true.
② That's exactly _____ I was thinking.
③ _____ they need is some money.
④ Love is _____ the most important is.
⑤ Don't put off _____ you can do today.

[7~8] 다음 두 문장을 관계대명사를 이용하여 한 문장으로 쓰시오.

07
> They have a son.
> His dream is to be a professor.

→ _____

08
> This is the watch.
> It was made in Switzerland.

→ _____

09 다음 문장의 빈칸에 올 관계대명사가 <u>다른</u> 것은?

① Tell me everything _____ you know.
② I gave him all _____ I had with me.
③ I miss the girl _____ smile was bright.
④ It is the very house _____ my father built.
⑤ Look at the girl and her cat _____ are running.

10 다음 중 어법상 <u>어색한</u> 문장은?

① I know a girl who is a pro wrestler.
② That's the answer I'm looking for.
③ Here's the money that you lent to me.
④ The boy whom I met was handsome.
⑤ I got a dog which hair is dark brown.

13 다음 글의 밑줄 친 ①~⑤ 중 어법상 <u>어색한</u> 것은?

People ①<u>who</u> can write well write all kinds of books. Some write about real things, like stars, cars, or boats. But ②<u>others</u> tell stories ③<u>making</u> up. Many of these stories are about things in the past. But some show ④<u>what</u> it's like to live today. ⑤<u>These</u> may be about going to school or being part of a family.

[11~12] 다음 글을 읽고, 물음에 답하시오.

Today the yo-yo is a toy. But long ago, the yo-yo was used for hunting. This early yo-yo was probably a rock. The rock was tied to a strong string. Men _____ would hunt wild animals for foods sat in a tree. They threw their yo-yos at animals. If they missed, they could still pull their yo-yos back. It is an example that a hunting tool has changed into a toy.

11 위 글의 빈칸에 들어갈 가장 알맞은 것은?

① which   ② who   ③ what
④ whose   ⑤ of which

[14~15] 다음 글을 읽고, 물음에 답하시오.

There are some things we can do to protect our ears. Loud noises too close to the ear may harm the eardrum. Because of this, we shouldn't shout into another person's ear. Slapping the ear may harm the eardrum. Noise may harm our ears. So people __ⓐ__ work in a factory wear something __ⓑ__ helps keeps out noise and protect their ears.

14 위 글의 빈칸 ⓐ와 ⓑ에 들어갈 말이 바르게 짝지어진 것은?

① who – what   ② what – what
③ who – that   ④ what – that
⑤ which – what

12 위 글의 내용으로 보아, 다음 문장의 빈칸에 가장 알맞은 것은?

A hunter could get the yo-yo back because _____.

① it left out   ② it didn't hit
③ it always missed   ④ it was on a string
⑤ it didn't cost much

15 위 글의 주제로 가장 알맞은 것은?

① 귀의 구조   ② 귀의 기능
③ 귀 질병의 종류   ④ 소리의 전달 과정
⑤ 귀를 보호하는 방법들

다음 ( ) 안에서 알맞은 말을 고르시오.

1 She is the girl (who, which) I'm in love with.

2 Do you understand (that, what) he just said?

3 This is the best car (that, which) I've ever seen.

4 I really like a boy (whom, whose) voice is sweet.

다음 문장의 빈칸에 알맞은 관계대명사를 고르시오.

1 Jim is the person _____ I really trust.
  ① whom   ② which   ③ what

2 These are the books _____ I borrowed from my friend.
  ① whom   ② which   ③ what

3 Please show me _____ you're hiding.
  ① who   ② that   ③ what

다음 두 문장을 관계대명사를 이용하여 한 문장으로 쓰시오.

1 Jessica is the girl. She dances best in the class.

  → _____

2 The U.K. is a country. Its history is very long.

  → _____

3 Taewhan is the fastest swimmer. I have ever met the swimmer.

  → _____

4 You must tell us the news. You heard it from the agent.

  → _____

D 다음 우리말과 같은 뜻이 되도록 빈칸에 알맞은 것을 고르시오.

1 그는 자신이 빌렸던 돈을 갚았다.

→ He paid back _____ he had borrowed.

① the money which   ② that the money   ③ the money what

2 지붕이 빨간 저 집을 보아라.

→ Look at the house _____ roof is red.

① whose   ② which   ③ that

3 그녀는 아직 매우 어린 자녀들이 있는 여성이다.

→ She is the woman _____ are still very young.

① who children   ② whose children   ③ whom children

E 다음 두 문장이 같은 뜻이 되도록 빈칸에 알맞은 말을 쓰시오.

1 This is the barbie doll I used to play with.

→ This is the barbie doll _____ I used to play with.

2 The boys reading comic books are not my children.

→ The boys _____ _____ reading comic books are not my children.

3 I bought a laptop computer made in Japan.

→ I bought a laptop computer _____ _____ made in Japan.

F 다음 우리말과 같은 뜻이 되도록 빈칸에 알맞은 말을 쓰시오.

1 나는 중국어를 아주 잘하는 친구 한 명이 있다.

→ I have a _____ _____ _____ Chinese very well.

2 그가 운전하고 있는 차는 매우 낡아 보인다.

→ The car _____ _____ _____ _____ looks very old.

3 그것이 바로 내가 이 주제에 대해 생각해 왔던 것이다.

→ _____ _____ I've been thinking about this topic.

UNIT 16

명사절을 이끄는 종속접속사
Subordinate Conjunctions

접속사는 문장 안에서 단어나 구, 절을 연결하는 역할을 한다.

■ 등위접속사 등위접속사는 단어–단어, 구–구, 절–절을 서로 대등한 관계로 이어주는 역할을 한다.

접속사	의미	예문
A and B	A 그리고 B (A와 B)	There were three desks **and** four chairs in the room.
A but B	A 그러나 B (A이지만 B)	Denny is very old, **but** he is as energetic as young men.
A or B	A 또는 B (A 아니면 B)	Which do you like, the yellow cap, **or** the red one? Show respect to your parents, **or** you may regret it later.
A so B	그래서, 그러므로 (A 그래서 B) (앞 문장에 대한 결과)	It started to rain, **so** I went home.

■ 명사절을 이끄는 종속접속사 주어와 동사를 갖춘 하나의 문장이 더 큰 다른 문장에 포함되어 명사 역할을 하는 것을 명사절이라 한다. 이러한 명사절을 이끄는 종속접속사에는 that, whether, if 등이 있다. 종속접속사는 하나의 절이 다른 절에 종속되게 이어주는 역할을 한다.

접속사	용법	예문
that (~인 것)	주어 역할	**That** she is absent turns out to be true. 　　주어 (➡ **It** turns out to be true **that** she is absent.)
	목적어 역할 (접속사 생략 가능)	Mark said (**that**) he would leave for Brazil. 　　　　　　　　목적어
	보어 역할	The problem is **that** there is no gas station near here. 　　　　　　　　　보어
	동격: 앞에 나온 명사의 보충 설명	The dream **that** you want to be a lawyer will come true. 　　the dream의 동격절
whether[if] (~인지 아닌지)	주어 · 목적어 역할	**Whether** someone spoke ill of me is not important. 　　　주어 (➡ **It** is not important **whether**[if] someone spoke ill of me.) Do you know **whether** he will participate in this meeting **or not**? 　　　　　　　　　　목적어 (➡ Do you know **if** he will participate in this meeting?)
의문사	간접의문문의 형식으로 명사절을 이끈다.	I don't know **when** he will come back. 　　　　　　　　목적어

●●● 하나의 문장이 명사절을 이끄는 종속절로 쓰이는 예

〈주절〉　That Eugene is a potential writer is known to everybody.
〈목적절〉　Most people know that Eugene is a potential writer.
〈목적절〉　I'm not sure whether Eugene is a potential writer or not.
〈동격절〉　The review that Eugene is a potential writer is true.

- Eugene이 작문에 소질이 있다는 것은 모두에게 잘 알려져 있다.
- 대부분의 사람들은 Eugene이 작문에 소질이 있다는 것을 알고 있다.
- 나는 Eugene이 작문에 소질이 있는지 없는지 확신할 수 없다.
- Eugene이 작문에 소질이 있다는 평은 사실이다.

EXERCISE

A 다음 중 어법상 맞는 문장에는 ○표, <u>어색한</u> 문장에는 ×표 하시오.

1 He studied hard, but he failed again. (   )

2 Come to see my parents, or they will be very happy with you. (   )

3 I was broke then, so I couldn't go and see my father. (   )

4 Which do you want, this 'Snow White' costume and that 'Little Mermaid' one? (   )

B 다음 두 문장을 한 문장으로 만들 때 빈칸에 알맞은 말을 쓰시오.

1 Kathy will marry Tom this month. + It's certain.

→ _____ is certain.

2 There is a strange rumor. + Mr. Joe disappeared last year.

→ There is a strange rumor _____ .

3 I don't know. + Who is that girl over there?

→ I don't know _____ .

C 다음 대화의 빈칸에 알맞은 말을 쓰시오.

1 A Do you know _____ Ann is at home now?

B No, I have no idea.

2 A Do you know _____ _____ the film begins?

B The film begins at 7:30.

3 A You will realize your dream _____ you will become an artist.

B Thank you for saying so.

4 A What did the interviewer ask you?

B She asked _____ I could speak any foreign languages or not.

D 다음 우리말과 같은 뜻이 되도록 빈칸에 알맞은 말을 쓰시오.

1 나의 바람은 네가 곧 회복하는 것이다.

→ My hope is _____ _____ _____ _____ soon.

2 Jake가 올지 안 올지는 확신할 수 없다.

→ I'm not sure _____ _____ _____ _____ or not.

3 그녀가 그렇게 말했다는 것은 사실이다.

→ _____ _____ _____ _____ is true.

UNIT 17 부사절을 이끄는 종속접속사 1
Subordinate Conjunctions:
Time/Condition

주어와 동사를 갖춘 하나의 문장이 더 큰 다른 문장에 포함되어 부사 역할을 하는 것을 부사절이라고 한다. 이러한 부사절을 이끄는 종속접속사에는 크게 시간의 접속사 when, while, as soon as, since, 조건의 접속사 if, unless, 이유의 접속사 because, as, since, 양보의 접속사 though, even though 등이 있다.

■ 시간을 나타내는
   종속접속사

시간을 나타내는 종속접속사에는 when, while, as, until, as soon as, after, before 등이 있으며, 시간의 부사절에서는 의미상 미래를 표현하고 있어도 현재 시제를 사용한다.

접속사	의미	예문
when	~할 때	**When** you go out, turn off the light. 종속절　　　　　주절 Stephanie was sad **when** her grandfather passed away.
before	~하기 전에	They talked about the issue **before** they submitted the report.
after	~한 후에	He turned off the light **after** I went out.
while	~하는 동안	**While** I was in Seoul, I made lots of friends. **While** we were with you, we felt so happy.
as	~하면서, ~할 때	**As** she cooks, she always sings. **As** I entered the room, they set off firecrackers.
as soon as	~하자마자	**As soon as** the thief saw me, he ran away. **As soon as** I got up, I brushed my teeth.
until/till	~할 때까지	I will wait here **until** you answer my question. I'll be very busy **until** this project is over.
since	~ 이래로	We have been friends **since** I moved here. Five years have passed **since** my son was born.

■ 조건을 나타내는
   종속접속사

조건을 나타내는 종속접속사에는 if, unless가 있으며 시간을 나타내는 부사절과 마찬가지로 조건의 부사절에서도 현재 시제가 미래를 대신한다.

접속사	의미	예문
if	~라면	**If** it rains tomorrow, we will stay at home. 종속절　　　　　주절 **If** she comes back from work, I'll tell her to take a rest.
unless	~하지 않는다면 (= if ~ not)	**Unless** he works harder than before, he may lose his position. (➡ **If** he doesn't work harder than before, he may lose his position.) **Unless** you are careful, you will make a mistake. (➡ **If** you aren't careful, you will make a mistake.)

●●● unless 자체가 '만일 ~하지 않는다면'이라는 뜻의 not이 포함된 부정의 의미이므로, unless 다음에는 항상 긍정의 동사 표현만이 온다.

EXERCISE

A 다음 ( ) 안에서 알맞은 말을 고르시오.

1 What do you want to be (when, if) you grow up?

2 I will wait here until he (comes, will come) back.

3 I don't know if he (comes, will come) back early.

4 Unless you (are, aren't) quiet, we cannot concentrate.

B 다음 빈칸에 가장 알맞은 단어를 〈보기〉에서 골라 문장을 완성하시오. (중복 불가)

보기	when	while	after	before	until	since	if	unless

1 Always look both ways _____ you cross the road.

2 They have been friends _____ they first met.

3 _____ people feel lonely, they talk to themselves.

4 _____ it snows more, we can't go skiing this weekend.

C 다음 대화의 빈칸에 알맞은 말을 쓰시오.

1 A Hello. Is Nancy there, please?
   B No, she's not in.
   A Please tell her to call Jacob _____ _____ _____ she comes back. It's urgent.

2 A There was a big noise out there _____ I was reading a book.
   B What happened?

3 A Wake up right now. You'll be late again _____ you get up now.
   B OK, Mom. I will.

4 A You may take a rest _____ you don't feel good.
   B Thank you.

D 다음 우리말과 같은 뜻이 되도록 빈칸에 알맞은 말을 쓰시오.

1 나의 여동생은 공부를 하면서 라디오를 듣는다.
   → My sister listens to the radio _____ _____ _____.

2 문이 열리자마자 사람들이 들어왔다.
   → _____ _____ _____ the doors were open, people came in.

3 네가 괜찮다면, Tom을 부르고 싶어.
   → I'd like to call Tom, _____ _____ _____ mind.

UNIT 18

부사절을 이끄는 종속접속사 2
Subordinate Conjunctions: Reason/Concession

이유나 원인을 나타내는 종속접속사에는 because, since, as 등이 있고 '~하기 때문에'라는 뜻으로 쓰인다. 양보를 나타내는 종속접속사에는 though, although, even though, even if, as 등이 있으며 '비록 ~할지라도'라는 뜻으로 쓰인다.

■ 이유를 나타내는 종속접속사

접속사	예문
because	**Because** I had a bad cold, I couldn't go to school. *cf.* **Because** of the rain, we couldn't go on a picnic.
since	You have to rest a little **since** you have worked too much. You can get married **since** you are old enough.
as	Everybody trusts David **as** he is honest. Tina was scolded **as** she cheated on the exam.

●●● because *vs.* because of

because는 접속사로 뒤에 「주어+동사」의 절이 오지만, because of는 전치사로 뒤에 명사(구)가 온다.

Because it rained, we couldn't go on a picnic.

= **Because of** the rain, we couldn't go on a picnic.

> TIP 이유를 나타내는 의미는 비슷하지만, because > since > as의 순으로 좀 더 직접적인 이유를 나타낸다. since나 as는 보통 간접적이고 보충적이거나 서로 이미 알고 있는 이유를 나타내며, 구어체에서는 많이 쓰이지 않는다.
> *ex.* Since we have lots of time, let's take a break. (시간이 많은 것이 휴식의 직접적인 이유가 되지는 않음)

■ 양보를 나타내는 종속접속사

접속사	예문
though/although	**Though** he's young, he has lots of experience. **Although** the traffic was heavy, we arrived on time.
even though (+사실)	**Even though** you don't like it, you must do it. **Even though** I love her, I won't marry her.
even if (+가정, 상상)	**Even if** it rains tomorrow morning, the plane won't be cancelled. **Even if** you don't like her, you have to help her. **Even if** you win the lottery, you won't be happy.
(형용사+) as (+주어+동사)	Smart **as** she was, she couldn't solve the problems. Hard **as** he studied, he didn't pass the exam.

●●● though와 although는 의미상 차이는 없으며, as는 문장 중간에 와서 「형용사+as+주어+동사」의 형식으로 쓰인다. 또한, even though는 though[although]의 강조된 형태로 양보의 의미를 더욱 강조할 때 쓰인다.

●●● '비록 ~한다 할지라도'라는 양보의 뜻은 in spite of나 despite로도 나타내는데, 이들 역시 because of와 마찬가지로 전치사이므로 뒤에는 항상 명사(구)가 온다.

Though it rained, we enjoyed our vacation.

= **In spite of** the rain, we enjoyed our vacation.

EXERCISE

A 다음 ( ) 안에서 알맞은 말을 고르시오.

1 I don't like her (because, though) she is selfish.

2 (As, While) you are old enough, you can live alone.

3 (Since, Although) I was very sick, I took the exam.

4 Old (as, though) he is, he keeps in shape.

B 다음 두 문장이 같은 뜻이 되도록 빈칸에 알맞은 말을 쓰시오.

1 I couldn't arrive on time because of the heavy rain.
→ I couldn't arrive on time because _____ _____ _____.

2 He tried hard, but he didn't succeed in his business.
→ _____ _____ _____ _____, he didn't succeed in his business.

3 Daniel is kind and honest, so everybody likes him.
→ Everybody likes Daniel _____ _____ _____ _____ _____ _____.

4 In spite of lots of noise, we enjoyed our party.
→ _____ there was _____ _____ _____, we enjoyed our party.

C 다음 대화의 빈칸에 알맞은 말을 쓰시오.

1 A What do you think of Karl?
B Everybody likes him _____ he's very diligent.

2 A Tomorrow is our picnic! But what will we do if it rains?
B We're going to the beach _____ _____ it rains.

3 A Mary is very clever, right?
B Yes, young _____ she is, she's very clever and considerate.

D 다음 두 문장을 알맞은 종속접속사를 이용하여 한 문장으로 쓰시오.

1 Jim never works out. He is very healthy.
→ _____

2 I couldn't attend the meeting. I was so busy.
→ _____

3 I live next to him. I don't see him very often.
→ _____

01 우리말과 같은 뜻이 되도록 할 때 빈칸에 알맞은 말은?

> Stephanie는 매우 아팠지만, 결석하지 않으려고
> 노력했다.
> → _____ Stephanie was very sick, she
> tried not to be absent from school.

① When   ② If   ③ Unless
④ Because   ⑤ Though

02 다음 두 문장이 같은 뜻이 되도록 빈칸에 알맞은 말을
쓰시오.

> Unless she works harder, she will get
> fired.
> → If _____ _____ _____ harder,
> she will get fired.

[3~4] 다음 중 밑줄 친 부분의 쓰임이 <u>다른</u> 것을 고르시오.

03 ① Turn off the computer <u>when you go out</u>.
② Please tell me <u>when your parents will come
back</u>.
③ <u>When I was young</u>, I was very shy.
④ He usually plays the piano <u>when he is free</u>.
⑤ <u>When you go shopping</u>, buy me some milk.

04 ① <u>If</u> it's warm tomorrow, let's go for a drive.
② We'll get wet <u>if</u> we go out.
③ I talk to my best friend <u>if</u> I have problems.
④ <u>If</u> you have finished the work, you can go.
⑤ I asked him politely <u>if</u> he agrees with my
idea.

[5~6] 다음 문장의 빈칸에 가장 알맞은 것을 고르시오.

05

> You should stop smoking _____ it's
> bad for your health.

① when   ② while   ③ because
④ until   ⑤ after

06

> _____ he is saying the truth or not, I'll
> trust him.

① While   ② When   ③ Whether
④ That   ⑤ Unless

07 다음 문장의 빈칸에 들어갈 접속사가 <u>다른</u> 것은?

① I couldn't go abroad _____ I was poor.
② We gave up playing soccer _____ it was
dark.
③ _____ she had a headache, she couldn't
study.
④ _____ the traffic was heavy, we were not
late.
⑤ I don't trust him _____ he often tells lies.

08 다음 우리말과 같은 뜻이 되도록 빈칸에 알맞은 말을
쓰시오.

> 그녀는 L.A.에 도착하자마자 우리에게 전화할 거야.
> → _____ _____ _____ _____
> _____ in L.A., she will call us.

09 다음 대화의 빈칸에 가장 알맞은 것은?

A Are you going on a picnic tomorrow?
B _____, we will stay home.

① If it rains
② If it will rain
③ If it doesn't rain
④ Unless it rains
⑤ Because it doesn't rain

10 다음 두 문장을 알맞은 접속사를 써서 연결하시오.

I failed my interview.
I didn't prepare enough.

→ _____

[11~12] 다음 글을 읽고, 물음에 답하시오.

_____ you go hiking in the woods, be careful! There may be the *poison ivy. It is a plant that hurts people. It has green leaves. They shine. In fall, they turn bright red or orange. People often pick up the leaves because they are so pretty. Cover your arms and legs _____ you go into the woods. _____ you come home, wash your skin with soap.

* poison ivy 덩굴옻나무

11 위 글의 빈칸에 공통으로 알맞은 것은?

① If
② When
③ While
④ Before
⑤ Although

12 위 글에 나타난 poison ivy에 대한 설명으로 틀린 것은?

① 사람들을 아프게 할 수 있는 식물이다.
② 가을에는 잎의 색이 변한다.
③ 피부에 손상을 줄 가능성이 있다.
④ 잎은 윤기 없는 녹색이다.
⑤ 색이 예뻐서 잎을 따는 사람들도 있다.

13 다음 글의 빈칸에 공통으로 알맞은 것은?

I go to bed early during the week. I don't stay up late _____ I get up very early every morning. I always come to class on time _____ my teacher wants us not to be late for school.

① when
② if
③ unless
④ though
⑤ because

[14~15] 다음 글을 읽고, 물음에 답하시오.

①Before every rocket is sent into the air, a countdown takes place. Countdowns are not done just for the thrill. Each ②number in the counter stands for a particular job to be done. For new rockets the countdown can last up to ten hours. If a problem ③arises, the countdown stops. It ④won't start up again until the problems ⑤will be solved. Those countdowns can protect the rockets from damage and save the astronaut's _____.

14 위 글의 밑줄 친 ①~⑤ 중 어법상 어색한 것은?

①   ②   ③   ④   ⑤

15 위 글의 빈칸에 가장 알맞은 것은?

① job
② money
③ life
④ friend
⑤ time

다음 ( ) 안에서 알맞은 말을 고르시오.

1 (Because, Though) I got up late, I missed the bus.

2 You'll regret it later (if, unless) you are really careful.

3 (Before, After) I went to bed, I took a hot bath.

4 (Since, As soon as) we were young, we have been friends.

다음 두 문장이 같은 뜻이 되도록 빈칸에 알맞은 말을 쓰시오.

1 The traffic was very heavy, but we were not late.
→ _____ the traffic was very heavy, we were not late.

2 Unless it stops raining, we will wait inside watching TV.
→ If _____ _____ _____ raining, we will wait inside watching TV.

3 Because of the heavy snow, the cars couldn't move at all.
→ Because _____ _____ _____, the cars couldn't move at all.

4 During his stay in London, he visited Buckingham Palace.
→ While _____ _____ in London, he visited Buckingham Palace.

다음 문장의 빈칸에 알맞은 것을 고르시오.

1 If he _____ back, we will be very happy.
① is coming ② comes ③ will come

2 _____ he is, he is not so good at languages.
① Smart as ② Smart though ③ Because smart

3 I will wait for them right here _____ they return.
① since ② when ③ until

D 다음 문장의 빈칸에 가장 알맞은 종속접속사를 〈보기〉에서 골라 쓰시오. (중복 불가)

> 보기   when   if   although   because

1 I couldn't pass the test _____ I did my best.

2 Nobody could hear her _____ people made so much noise.

3 _____ you finish your work, call me. I'll pick you up.

4 You'll become a dentist _____ you study really hard.

E 다음 두 문장을 알맞은 종속접속사를 이용하여 한 문장으로 쓰시오.

1 My brother eats so much. He is skinny.

→ _____

2 I sat up all night yesterday. I had a lot of homework.

→ _____

3 I worked out hard every day. I didn't lose any weight.

→ _____

F 다음 우리말과 같은 뜻이 되도록 빈칸에 알맞은 말을 쓰시오.

1 내일 날씨가 맑으면, 우리는 등산하러 갈 거야.

→ _____ _____ _____ fine tomorrow, we'll go hiking.

2 네가 나와 함께 있던 동안, 나는 항상 행복했어.

→ _____ _____ _____ with me, I was always happy.

3 내 아들이 태어난 지 2년이 흘렀다.

→ Two years have passed _____ my son _____ _____ .

4 네가 그것을 싫어한다 할지라도, 좋아하는 척 해라.

→ _____ it, just pretend to like it.

01 다음 중 밑줄 친 부분이 <u>어색한</u> 것은?

① One of my <u>teeth</u> hurts so much.
② Bring me a glass of apple <u>juice</u>.
③ Those <u>gentleman</u> are my uncles.
④ Many kinds of <u>fish</u> live in the lake.
⑤ There were three grand <u>pianos</u> on the stage.

02 다음 두 문장이 같은 뜻이 되도록 빈칸에 알맞은 말을 쓰시오.

> I will give you the thing that I have now.
> → I will give you _____ I have now.

03 다음 두 문장을 한 문장으로 만들 때 빈칸에 알맞은 말은?

> I have a friend. Her dream is to be a fashion model.
> → I have a friend _____ dream is to be a fashion model.

① who　　② whose　　③ whom
④ that　　⑤ what

04 다음 문장의 빈칸에 공통으로 알맞은 말은?

> • _____ you have a ticket, you can't get into the theater.
> • _____ you get some rest, you will get very sick.

① If　　② Unless　　③ Because
④ When　　⑤ Though

[5~7] 다음 문장의 빈칸에 들어갈 단어가 바르게 짝지어 진 것을 고르시오.

05

> • Can you lend me a pen? I need _____.
> • I want to use your eraser. Can I borrow _____?

① ones – one　　② one – it
③ it – ones　　④ it – one
⑤ it – it

06

> • Some like rock music, but _____ don't.
> • One of the twins likes sports, but _____ doesn't.

① other – another
② other – the others
③ others – the other
④ another – the other
⑤ others – another

07

> • I always drink a _____ of tea after meals.
> • Each of them had a _____ of cake after the party.

① glass – slice　　② glass – piece
③ cup – sheet　　④ cup – glass
⑤ cup – piece

08 다음 중 밑줄 친 부분의 쓰임이 <u>다른</u> 것은?

① We enjoyed <u>ourselves</u> last night.
② Did you look at <u>yourself</u> in the mirror?
③ You must learn to live for <u>yourself</u>.
④ I cooked all this food <u>myself</u>.
⑤ She really needs to know <u>herself</u>.

09 다음 중 밑줄 친 부분의 쓰임이 <u>다른</u> 것은?

① <u>When</u> you have a problem, call me.
② I will take a trip <u>when</u> I finish this work.
③ <u>When</u> Mom comes home, we'll have dinner.
④ We want to know <u>when</u> the show will begin.
⑤ She reads comic books <u>when</u> she feels unhappy.

10 다음 두 문장을 관계대명사를 이용하여 한 문장으로 쓰시오.

There are many people.
Their names are the same.

→ _____

11 다음 우리말과 같은 뜻이 되도록 빈칸에 알맞은 말을 쓰시오.

네가 조심하지 않는다면, 실수하게 될 거야.
→ Unless _____ _____ _____,
 you'll make a mistake.
→ If _____ _____ _____, you'll make a mistake.

12 다음 글의 밑줄 친 ①~⑤ 중 어법상 어색한 것은?

A lot of accidents happen ①when it is raining. People are in a hurry ②because they don't want to get wet. They often cannot see clearly ③though they hold umbrellas in front of them. Remember ④that cars take longer to stop ⑤when the road is wet.

[13~14] 다음 문장의 빈칸에 들어갈 관계대명사가 <u>다른</u> 것을 고르시오.

13 ① He is the first man _____ won the game.
② Look at the girl and her cat _____ are running.
③ She is the only girl _____ can understand the book.
④ That is the same computer _____ I bought yesterday.
⑤ England is a country _____ history is very long.

14 ① I ate _____ she made for me.
② I don't believe _____ they say.
③ It is _____ I have wanted for so long.
④ They're the things _____ he heard.
⑤ They didn't have _____ I want to buy.

15 다음 문장의 밑줄 친 부분 중 생략이 가능한 것은?

① She is the woman <u>who</u> helps us.

② I have a friend <u>that</u> lives in Bundang.

③ This is the car <u>that</u> I'd like to buy.

④ He's the one <u>whose</u> memory is good.

⑤ Michael has a dog <u>which</u> runs very fast.

[16~17] 다음 글을 읽고, 물음에 답하시오.

Many people feel sleepy after lunch. They may think that eating lunch is the cause of their sleepiness. Or, in summer, they may think that it is the heat. However, the real reason lies inside their bodies. At that time — about eight hours after you wake up — your body temperature goes down. This is _____ makes you slow down and feel sleepy.

16 위 글의 빈칸에 가장 알맞은 것은?

① that   ② which   ③ when

④ what   ⑤ who

17 위 글의 내용으로 보아, 점심 식사 이후 졸음이 오는 이유로 알맞은 것은?

① 점심 식사를 너무 많이 해서

② 오후에는 몸이 열이 많이 나므로

③ 점심 식사로 먹은 음식 종류 때문에

④ 잠을 깬 지 8시간 후면 체온이 떨어지므로

⑤ 잠을 깬 지 일정 시간 후에는 혈압이 낮아지므로

18 다음 중 어법상 어색한 문장은?

① That Tony made the big mistake is certain.

② Wash your hands before you have a meal.

③ We'd better leave things as they are until the police will arrive.

④ I want to buy a house whose backyard is very wide.

⑤ The boy and the monkey that I saw on the TV show were so great.

[19~20] 다음 글을 읽고, 물음에 답하시오.

① <u>During</u> I was staying a few years in Korea, I have found out something. ② <u>As</u> the economy is getting down, some Koreans tend not to buy new things. Instead, they borrow used things at secondhand shops ③ <u>which</u> are full of people. They like these shops ④ <u>because</u> they can borrow ⑤ <u>what</u> they want with a little money.

19 위 글의 밑줄 친 ①~⑤ 중 어법상 어색한 것은?

①   ②   ③   ④   ⑤

20 위 글에서 알 수 있는 것은?

① 한국인들의 여가 활동

② 한국인들의 근면성

③ 한국인들의 질서 의식

④ 한국인들의 절약 정신

⑤ 한국인들의 역사 의식

WRITING 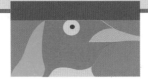 TIME

A 다음 문장을 ( ) 안의 지시대로 바꾸어 쓰시오.

1 A manservant was waiting for her at the door. (A를 Lots of로)

➡ _____

2 A mouse has come into the living room. (A를 A few로)

➡ _____

3 Give me a glass of milk when I come home. (a glass를 two glasses로)

➡ _____

B 다음 문장이 우리말과 같은 뜻이 되도록 재귀대명사를 이용하여 영작하시오.

1 우리들은 어제 즐거운 시간을 보냈다.

➡ _____

2 이 음식을 마음껏 드십시오.

➡ _____

3 그 문은 저절로 잠겼다.

➡ _____

C 알맞은 관계대명사와 주어진 표현을 사용하여 단어의 뜻을 설명하는 다음 글을 완성하시오.

> **보기**   his/her job is to show and explain   travel for pleasure
> make travel arrangements for tourists

Do you know the meaning of words about travel?

   I've tried to look up some words about travel in the dictionary. First, a tourist is a person _____. We can see many tour guides leading a group of tourists at tourist attractions. Then what does a tour guide do? He/She is a person _____. Last, a travel agency means a company _____.

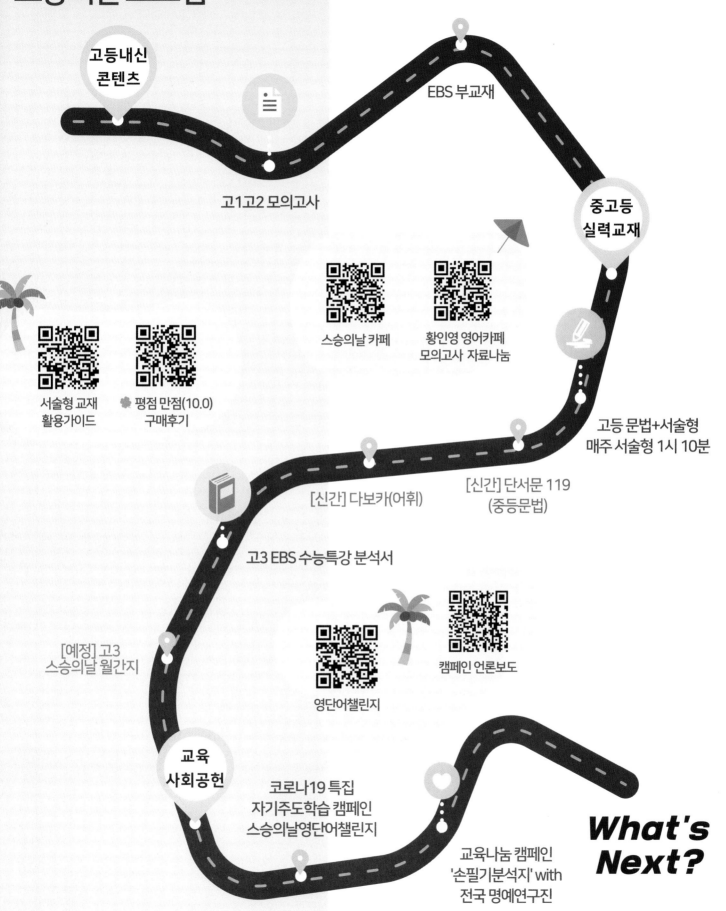

> 스승의날 로드맵 스승의날 출판사에 대해 더 궁금하시다면, QR코드를 스캔해보세요.

고등내신
콘텐츠

고1고2 모의고사

EBS 부교재

중고등
실력교재

스승의날 카페

황인영 영어카페
모의고사 자료나눔

서술형 교재
활용가이드

✿ 평점 만점(10.0)
구매후기

고등 문법+서술형
매주 서술형 1시 10분

[신간] 단서문 119
(중등문법)

[신간] 다보카(어휘)

고3 EBS 수능특강 분석서

[예정] 고3
스승의날 월간지

영단어챌린지

캠페인 언론보도

교육
사회공헌

코로나19 특집
자기주도학습 캠페인
스승의날영단어챌린지

교육나눔 캠페인
'손필기분석지' with
전국 명예연구진

What's Next?

> 스승의날 이용후기

전국 각지의 원장님, 선생님으로 이루어진 탄탄한 인지도,
스승의날 자료의 후기를 참고하세요. ☆☆☆☆☆

·반00 강사 (ys*****@naver.com)
선생님 관점에서 고민하고 분석하는 부분을 공감하며 연구할 수 있어서 좋네요.

·조00 강사 (he******@naver.com)
아이들에게 스스로 주제문을 만들게 하고 난 후, 비교분석 할 수 있는 자료 중 최고입니다!

·박00 강사 (yu*********@naver.com)
손필기로 분석되어있는 지문, 그리고 개요, 주제문 요약까지 수업할 때 필요한 부분들이
다 있어서 매우 유용했습니다. 제가 직접 만드는 시간을 많이 덜어낼 수 있더라고요.
수업 준비에 시간 투자가 많은 편인데, 바로 수업에 활용할 수 있을 정도로 고퀄리티 였어요.

·안00 학생 (an*********@naver.com)
다른 여타 변형문제들의 서술형과는 달리 '진짜 시험에서 보는' 서술형 문제들이 있었고
그 퀄리티가 매우 뛰어 나서 가장 도움이 되었다.

·이00 학생 (us******@naver.com)
영어학원에 익숙해져 있다가 혼자 분석하려니 어디가 중요한지 잘 모르겠어서 힘들었는데,
손필기 되어 있는 것 보고 추가적으로 찾아가면서 하면 중요한 문장이 눈에 보이더라고요!

·강00 학생 (ka**********@naver.com)
분석 자료가 시중에 별로 없는데 스승의날 손필기 분석지는 정말 꼼꼼하고 깔끔하게 분석이 돼있고,
선생님들이 설명하는 건 거의 다 적혀있어서 공부할 때 너무 좋다.

·이00 학생 (sh******@gmail.com)
어휘선택이 많이 부족했었는데, 선생님께서 자료를 추천해주시고 뽑아주셔서 시험을 잘 본 기억이 있습니다.
스승의날 자료가 정말 도움이 많이 됐습니다.

·최00 강사 (ww****@naver.com)
이런 자료가 필요했는데 그동안은 없었던 게 아쉬웠어요!
특히 아이들에게 늘 지문을 3줄로 요약하도록 지도했었는데, 개요도를 이용하니 편리하고 도움이 많이 됩니다.

·임00 강사 (li****@gmail.com)
학원에 있는 1-2등급 학생들이 목말라 하는 자료가 딱 스승의날 시뮬레이션에서 나오는 요약문 스타일이에요.

·장00 원장 (ur*****@naver.com)
어법, 어휘 문제를 풀면서 동시에 개요도를 통해 문단 구조와 내용을 정리할 수 있어서 너무 좋습니다.

·박00 원장 (hi********@hotmail.com)
우연히 황인영 영어카페에서 자료를 봤는데 정말 획기적이네요.
천편일률적으로 만들어진 자료들과 달랐습니다.

·안00 원장 (sm*****@naver.com)
내신 시험에서 내용을 잘 알아야 풀 수 있는 문제들과 요약 문제들의 갯수가 늘어나는 경향이 있어
스승의날 자료로 도움 받고 있습니다.

·백00 원장 (li*****@naver.com)
아이들에게 직접 개요도를 적도록 시켰었는데 시간도 오래걸리고 어려워하는 아이들도 있었어요.
스승의날 자료가 너무 유용합니다^^

2022년 온라인 누적 다운로드

15만+

*각 커뮤니티 조회수 및
설문조사 데이터 기준

2022년 온라인 유료 이용자 수

500+

*스승의날 Pro 가입자수

2022년 자사 교재 판매 부수

3만+

*대형서점, 총판,
자사 판매 총 합계 기준

119개 개념으로 완성하는 중고등 영어문법서

단서문

119 2B

단권화 서술형 더또

ISL에듀 문제은행
프로그램 연계
· 풍부한 문항 개수
· 유사문제 자동출제

▶YouTube
무료강의
서술형은스승의날

답지

스승의날 출판
Teachers Day Publisher

> EBS 수능특강 영어 분석서 (고3 내신용/기타 실력용)

EBS 수능특강 영어 「1시 10분」(2023학년도)
2024학년도 버전 출시 준비 중입니다.

> *11월 수능날, 그 날의 1시 10분,
그 1시간 10분을 너의 것으로*

> 2023학년도 첫 출시,
예약판매 일주일 만에
베스트셀러 등극!

QR코드를 스캔하여
관련 기사를 확인하세요!

> 수특영어 1시 10분 콘텐츠
(교재구성은 달라질 수 있습니다.)

> 1단계 : 손필기분석지 ★
> 2단계 : 컴팩트
> 3단계 : 손바닥개요도 ★
> 4단계 : 배열 변형문제
> 5단계 : 어법 변형문제
> 6단계 : 서술형 변형문제

수만휘 고3들에게 BEST 내신자료,
스승의날 손바닥개요도의 인기!

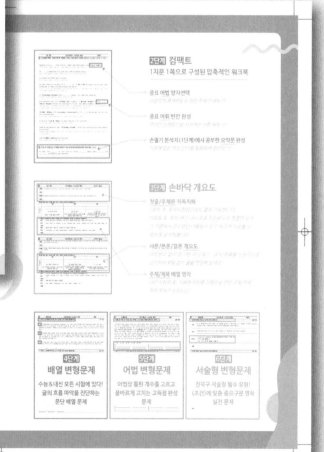

119개 개념으로 완성하는 중고등 **영어문법서**

단서문 119 2B

단권화 서술형 문법

ISL에듀 문제은행 프로그램 연계
·풍부한 문항 개수
·유사문제 자동출제

YouTube
무료강의
서술형은스승의날

스승의날
Teachers Day Publisher

EXERCISE

A

다음 문장의 밑줄 친 부분을 바르게 고쳐 쓰시오.

1 The pictures <u>was took</u> by Joseph. were taken
그 사진들은 Joseph에 의해 찍혔다.

2 Physics <u>is teached</u> by Ms. Lee. is taught
물리는 이 선생님에 의해 교육된다.

3 The building was burnt <u>by ours</u>. by us
그 건물은 우리들에 의해 불탔다.

4 My fish tank <u>is broke</u> yesterday by mistake. was broken
내 어항은 어제 실수로 깨졌다.

A

수동태 문장은 「주어+be동사+
+by+행위자」의 형식이다.
1 사진은 사람에 의해 찍힌 것이
  어가 복수이므로 were take
  되어야 한다.
2 teach의 과거분사형은 tau
  이다.
3 행위자는 「by+목적격」으로 쓴
4 어제 일어난 일이므로 시제가
  어야 하며 break의 과거분사
  broken이므로 was broke
  되어야 한다.

B

다음 문장을 능동태는 수동태로, 수동태는 능동태로 바꿔 쓰시오.

1 He fixed the computer last night. 그는 어젯밤에 컴퓨터를 수리했다.

→ _____ The computer was fixed by him last night. _____

2 The letter was mailed by Mr. Jang. 그 편지는 장 선생님에 의해 부쳐졌다.

→ _____ Mr. Jang mailed the letter. _____

3 They speak Portuguese in Brazil. 브라질에서는 포르투갈 어를 사용한다.

→ _____ Portuguese is spoken in Brazil (by them). _____

B

1 능동태를 수동태로 바꿀 때는
  어를 주어 자리에 놓고 「be동
  p.p.+by+행위자」의 형태로
  다. 능동태의 시제가 fixed로
  이므로 수동태에서 was fixe
  쓴다.
2 수동태를 능동태로 바꿀 때는
  이하의 행위자를 주어로 놓고
  어+동사+목적어」의 어순으로
  한다.
3 능동태의 주어가 They로 일반
  어이므로 수동태 문장에서는 생
  수 있다. speak의 과거분사
  spoken이다.

C

다음 대화의 빈칸에 알맞은 말을 〈보기〉에서 골라 바른 형태로 쓰시오.

| 보기 | invite | call | build | invent | cancel | keep |

1 A Look at the church. It looks very old.

　 B Yes, it is the oldest church in France. It ___was___ ___built___ in 962.
A: 저 교회 좀 봐. 무척 오래되어 보이지. B: 맞아, 프랑스에서 가장 오래된 교회야. 962년에 지어졌어.

2 A What happened to the soccer game? It was supposed to be broadcast on TV.

　 B It ___was___ ___cancelled___ because of the heavy rain.
A: 축구 시합이 어떻게 된 거지? TV에서 중계 방송하기로 되어 있었는데. B: 폭우 때문에 취소되었어.

3 A Why did you invite Paul to the party? You don't like him.

　 B I had no choice. He ___invited___ me to his birthday party.
A: 왜 Paul을 파티에 초대했니? 그를 좋아하지 않잖아. B: 어쩔 수 없었어. 그가 나를 자기 생일 파티에 초대했거든.

C

1 교회는 누군가에 의해 '지어진
  것이므로 수동태로 나타낸다.
2 축구 시합은 '취소하는' 것이
  라 '취소되는' 것이므로 수동
  나타낸다. / be supposed to
  하기로 되어 있다 broadcast
  송하다 cancel 취소하다
3 문맥상 Paul이 나를 '초대하는
  이므로 능동태로 나타낸다. 과거
  제(Why did you ~?)로 물었
  로 과거 시제로 답한다.

D

다음 ( ) 안에 주어진 단어들을 사용하여 우리말을 영작하시오.

1 이 호텔 방은 매일 청소되어진다. (room, clean)

→ _____ This hotel room is cleaned every day. _____

2 그 책은 영어로 쓰여졌다. (book, write)

→ _____ The book was written in English. _____

3 Harry Potter는 전 세계 많은 어린이들에게 사랑받는다. (love, children, world)

→ _____ Harry Potter is loved by many children (all) around the world. _____

D

1 호텔방은 '청소되는' 것이므로
  형 수동태로 나타낸다. 누구
  서인지는 밝혀지지 않았으
  「by+행위자」는 생략한다.
2 책은 누군가에 의해 '쓰여지는'
  이고 과거에 쓰여진 것이므로
  형 수동태로 나타낸다.
3 Harry Potter가 사랑하는 것이
  니라 '사랑받는' 것이므로 현
  수동태로 나타낸다.

EXERCISE

A 다음 중 어법상 맞는 문장에는 ○표, 어색한 문장에는 ×표 하시오.

1 By whom this poem was written? (×)
이 시는 누구에 의해 쓰여졌니?

2 When was the package deliver by the mail carrier? (×)
이 꾸러미는 배달부에 의해 언제 배달되었는가?

3 Is the twin room booked by that English businessman? (○)
그 트윈룸은 그 영국인 사업가에 의해 예약되었나요?

4 Isn't your report finished yet? (○)
너의 보고서는 아직도 끝나지 않았니?

A

의문사가 있는 의문문의 수동태는 「의문사+be동사+주어+p.p. ~?」이고 의문사가 없는 경우에는 be동사의 의문문과 마찬가지로 「Be동사+주어+p.p. ~?」이다.
1 주어와 동사의 위치가 was this poem written으로 되어야 한다.
2 수동태이므로 「be동사+p.p.」가 필요하다. 따라서 delivered로 바뀌어야 한다.
3 book-booked-booked 예약하다
4 수동태의 부정 의문문이다.

B 다음 문장을 ( ) 안의 지시대로 바꿔 쓰시오.

1 The notebook computer is used by my aunt. (부정문으로)

→ _____The notebook computer is not used by my aunt. / 그 노트북 컴퓨터는 우리 고모에 의해 사용되지 않는다._____
그 노트북 컴퓨터는 우리 고모에 의해 사용된다.

2 This dress was designed by Marc Jacobs. (의문문으로)

→ _____Was this dress designed by Marc Jacobs? / 이 드레스는 Marc Jacobs에 의해 디자인되었니?_____
이 드레스는 Marc Jacobs에 의해 디자인되었다.

3 The telephone was invented by Bell. (when 의문문으로)

→ _____When was the telephone invented by Bell? / 전화는 언제 Bell에 의해 발명되었니?_____
전화는 Bell에 의해 발명되었다.

B

1 수동태의 부정문은 「be동사+not+p.p.」의 형태이다.
2 의문사가 없는 의문문의 수동태는 「Be동사+주어+p.p. ~?」의 형태이다.
3 의문사가 있는 의문문의 수동태는 「의문사+be동사+주어+p.p. ~?」의 형태이다.

C 다음 대화의 빈칸에 알맞은 말을 〈보기〉에서 골라 바른 형태로 쓰시오.

> 보기 do   make   write   believe   invite   read

1 A This ring is not so expensive.

B Then, it can't ___be___ ___made___ ___of___ gold.
A: 이 반지는 그렇게 비싸지 않아. B: 그렇다면, 금으로 만들어졌을 리가 없어.

2 A The rumor ___was___ ___not___ ___believed___ by anybody and it turned out false.

B I didn't believe the rumor at all from the beginning.
A: 그 소문은 아무도 믿지 않았고 거짓이라고 밝혀졌다. B: 나는 처음부터 그 소문을 전혀 믿지 않았어.

3 A The homework ___is___ ___not___ ___done___ yet. I need to make

some more revisions.

B That's too bad. You seem to have a lot to do.
A: 숙제가 아직 끝나지 않았어. 고칠게 좀 더 있거든. B: 안됐구나. 넌 할 일이 많은 것 같다.

C

1 수동태의 부정문은 「be동사+not+p.p.」의 형태인데 조동사가 있을 경우에는 「조동사+not+be+p.p.」의 형태이다. / 현재 시제이므로 빈칸에도 현재 시제의 수동태를 쓴다.
2 rumor와 가장 자연스럽게 어울리는 동사는 believe이고 수동태의 부정문은 「be동사+not+p.p.」의 형태로 나타낸다. / believe 믿다 turn out 판명나다
3 yet으로 보아 부정문이 오고, do homework이므로 is not done이 된다. / do-did-done

D 다음 ( ) 안에 주어진 말을 사용하여 수동태 문장으로 대화를 완성하시오.

1 A _____Where were you born_____? (where, bear)

B I was born in Australia.
A: 넌 어디서 태어났니? B: 호주에서 태어났어.

2 A _____How is this word pronounced_____? (this word, how, pronounce)

B I don't know. It's a French word.
A: 이 단어는 어떻게 발음되니? B: 모르겠어. 그건 프랑스 말이야.

3 A _____Where was this wallet found_____? (find, where, this wallet)

B I found it on the street.
A: 이 지갑은 어디에서 발견되었니? B: 내가 길에서 발견했어.

D

의문사가 있는 의문문의 수동태는 「의문사+be동사+주어+p.p. ~?」의 형태로 나타낸다.
1 bear-bore-born
2 「by+행위자」가 생략된 형태이다.
3 find-found-found

EXERCISE

A 다음 두 문장의 빈칸에 공통으로 들어갈 알맞은 단어를 쓰시오.

1 • The table was covered ____with____ a pure white tablecloth.

• The audience members were satisfied ____with____ his performance.

테이블은 깨끗한 흰색 천으로 덮여 있었다. / 관객들은 그의 공연에 만족했다.

2 • Finally, Elley was married ____to____ Noah.

• The spot was known ____to____ the whole world.

마침내, Elley가 Noah와 결혼했다. / 그 지역은 전 세계에 알려졌다.

A

1 상태 수동태 be covered w
으로 덮여 있다)와 be sati
with(~에 만족하다)이므로
로 들어갈 전치사는 with이다
tablecloth 테이블보 audi
관객 performance 공연

2 be married to(~와 결혼
be known to(~에게 알려지
므로 공통으로 들어갈 전치사
이다.

B 다음 문장을 수동태로 바꿔 쓰시오.

1 My sister took care of my baby. 내 여동생이 우리 아이를 돌봐주었다.

→ _____ My baby was taken care of by my sister.

2 James looked after Susan. James는 Susan을 돌보았다.

→ _____ Susan was looked after by James.

3 He put off the meeting till next week. 그는 다음 주까지 그 회의를 미루었다.

→ _____ The meeting was put off till next week by him.

B

동사구는 하나의 동사처럼 취급한
1 take care of ~를 돌보다
2 look after ~를 돌보다
3 put off 미루다, 연기하다

C 다음 대화의 빈칸에 알맞은 말을 〈보기〉에서 골라 바른 형태로 쓰시오.

보기	interest	excite	know	fill	take

1 A Did you bake the cookies?

B Yes, I did. The kitchen ____was____ ____filled____ ____with____ a sweet smell.

A: 과자를 구웠어? B: 응. 부엌이 달콤한 냄새로 가득찼어.

2 A What do you usually do when you're free?

B I usually take pictures because I ____am____ seriously ____interested____ in photography.

A: 너는 한가할 때 주로 뭐 하니? B: 나는 사진에 아주 관심이 많아서 주로 사진을 찍어.

3 A Do you know Angelina Jolie?

B Of course. She is an Oscar-winning actress. She ____is____ ____known____

____for____ her exotic looks.

A: 너 안젤리나 졸리를 아니? B: 물론이야. 오스카상을 수상한 여배우잖아. 그녀는 이국적인 외모로 알려졌지.

C

1 be filled with ~로 가득차다
2 be interested in ~에 관심
photography 사진(술)
3 be known for ~ 때문에 알
exotic 이국적인

D 다음 ( ) 안에 주어진 단어들을 사용하여 우리말을 수동태 문장으로 영작하시오.

1 나는 너의 실패가 너무 놀라워. (surprise, failure)

→ _____ I am so surprised at your failure.

2 Bill은 자신의 새로운 일에 만족했다. (satisfy, job)

→ _____ Bill was satisfied with his new job.

3 치즈는 우유로 만들어진다. (make, milk)

→ _____ Cheese is made from milk.

D

1 be surprised at ~에 놀라
failure 실패, 낙제
2 be satisfied with ~에 만족
3 화학적 변화가 있는 경우이므
made from을 사용한다.

01 다음 문장의 빈칸에 알맞은 말은?

> The bathroom _____ every week by my dad.

① clean   ② cleans   ③ cleaned
✔④ is cleaned   ⑤ was cleaned

화장실은 '청소가 되는' 것이므로 수동태 문장이 되어야 하고, 현재의 반복되는 일을 나타내므로 현재 시제 is cleaned가 정답이다.

[해석] 화장실은 우리 아빠에 의해 매주 청소된다.

[2~3] 다음 중 밑줄 친 부분의 쓰임이 <u>어색한</u> 것을 고르시오.

02 ① The child <u>was found</u> last night.
✔② The pine tree <u>was plant</u> a long time ago.
③ The postcard <u>was sent</u> by my boyfriend.
④ The piano sonata <u>was composed</u> by Mozart.
⑤ The Olympic Games <u>were held</u> in Seoul in 1988.

② plant의 과거분사형은 planted이다. (was plant → was planted)
• compose 작곡하다 • hold 개최하다

[해석] ① 그 아이는 어젯밤에 발견되었다. ② 그 소나무는 오래 전에 심어졌다. ③ 그 엽서는 내 남자 친구에 의해 보내졌다. ④ 그 피아노 소나타는 모짜르트에 의해 작곡되었다. ⑤ 올림픽 게임이 1988년에 서울에서 열렸다.

03 ① Jenny <u>was surprised at</u> the sight.
② The bus <u>was crowded with</u> students.
③ She <u>is worried about</u> her granddaughter.
④ They <u>were pleased with</u> their new house.
✔⑤ The village <u>was known for</u> everybody in the country.

⑤ 문맥상 마을은 전국의 사람들 때문에 알려진 것이 아니라 사람들에게 알려진 것이므로 for를 to로 바꿔야 한다. / • be crowded with ~으로 붐비다 • be known for ~ 때문에 알려지다 • be known to ~에게 알려지다

[해석] ① Jenny는 그 광경에 놀랐다. ② 그 버스는 학생들로 가득찼다. ③ 그녀는 손녀딸에 대해 걱정하고 있다. ④ 그들은 새 집으로 인해 기뻐했다. ⑤ 그 마을은 그 나라의 모든 사람들에게 알려져 있었다.

04 다음 중 not이 들어갈 위치로 알맞은 곳은?

> The computer ① is ✔② fixed ③ yet ④ by the repairman ⑤, so I can't use it right now.

수동태의 부정문은 「be동사+not+p.p.」의 형태로 쓴다.
• fix 수리하다 • repairman 수리공

[해석] 그 컴퓨터는 수리공에 의해 아직 수리되지 않아서 나는 지금 당장 쓸 수 없다.

05 다음 문장의 빈칸에 알맞은 말은?

> The child _____ his friends, so he began to cry.

① laugh at   ② laugh at by
③ is laughed at   ④ was laughed at
✔⑤ was laughed at by

laugh at은 '~을 비웃다' 라는 뜻의 동사구로서 이를 수동태로 나타낼 때는 하나의 동사처럼 취급한다. 시제는 과거형이고, 행위자 앞에 by를 넣어준다.

[해석] 그 아이는 친구들에게 비웃음을 당해서 울기 시작했다.

[해석] ① 그 그림들은 그 상인에 의해 구입되지 않았다. ② 그 회의실들은 그 주식회사에 의해 예약되었나요? ③ 왜 이 탁자는 청소되지 않았지? ④ Kelly는 Smith 씨에 의해 돌봐졌다. ⑤ Bell에 의해 무엇이 발명되었는가?

06 다음 중 어법상 옳은 문장은?

① The pictures not were bought by the merchant.
② Were the conference rooms book by the cooperation company?
✔③ Why wasn't this table cleaned?
④ Kelly was looked by Mr. Smith after.
⑤ What was invented it by Bell?

① not은 be동사 뒤에 온다. (not were bought → were not bought) ② 수동태 문장이므로 과거분사형이 와야 한다. (book → booked) 「의문사+be동사+주어+p.p.~?」의 수동태 의문문이다. ④ 동사구는 한 단어로 취급해야 한다. (→ was looked after by ~) ⑤ 의문사가 주어로 쓰였으므로 it은 삭제해야 한다.

④ 수동태는 「be동사+p.p.」이므로 turned off를 was turned off로 써야 한다.
• praise 칭찬하다

07 다음 능동태 문장을 수동태로 바꿔 쓸 때 <u>어색한</u> 것은?

① The professor praised the student.
   → The student was praised by the professor.
② Andrew didn't paint the wall.
   → The wall was not painted by Andrew.
③ They speak English in Singapore.
   → English is spoken in Singapore.
✔④ My dad turned off the radio.
   → The radio turned off by my dad.
⑤ The news surprised them.
   → They were surprised at the news.

[해석] ① 그 교수는 그 학생을 칭찬했다. ② Andrew는 그 벽을 페인트 칠하지 않았다. ③ 싱가포르에서는 사람들이 영어로 말한다. ④ 우리 아빠는 라디오를 껐다. ⑤ 그 소식은 그들을 놀라게 했다.

08 다음 두 문장의 빈칸에 공통으로 알맞은 말을 쓰시오.

> • Are you satisfied ___with___ our service?
> • The parking lot is filled ___with___ cars.

• be satisfied with ~에 만족하다 • be filled with ~으로 가득차다
해석 저희 서비스에 만족하십니까?/그 주차장은 자동차로 가득차 있다.

09 다음 우리말을 영어로 옮길 때 빈칸에 알맞은 말을 쓰시오.

> 누가 다음 대통령으로 선출될 것인가?
> → Who ___will___ ___be___ ___elected___ as next president?

의문사가 주어인 수동태 의문문이다. 「의문사+be동사+과거분사 ~?」의 순서가 된다. 미래 시제이므로 be동사 앞에 조동사 will이 온다.

[10~11] 다음 능동태 문장을 수동태로 바꿔 쓰시오.

10
> Jack didn't vacuumed the office.
> → ___The office wasn't vacuumed by Jack.___

수동태 부정문은 「be동사+not+p.p.」이다.
• vacuum 진공 청소기로 청소하다
해석 Jack은 사무실을 청소기로 청소하지 않았다.

11
> Doesn't Mr. Smith keep any pets?
> → ___Aren't any pets kept by Mr. Smith?___

수동태의 의문문은 「Be동사+주어+과거분사 ~?」의 형태로 나타낸다.
해석 Smith 씨는 애완동물을 기르지 않나요?

12 다음 ( ) 안의 단어들을 사용하여 우리말을 영어로 옮기시오.

> 그 교향곡은 뉴욕 필하모닉 오케스트라에 의해 연주되었다. (symphony, play, the New York Philharmonic Orchestra)
> → ___The symphony was played by the New York Philharmonic Orchestra.___

과거 시제 수동태로 was played로 표현하면 된다.

13 다음 ( ) 안의 단어를 바르게 배열하여 우리말을 영어로 옮기시오.

> 퀴리 부인은 1911년에 노벨상을 받았다.
> (was / Madame Curie / in 1911 / the Nobel Prize / given)
> → ___Madame Curie was given the Nobel Prize in 1911.___

'받았다'는 수동태 표현이므로 was given이 되어야 한다.

[14~15] 다음 밑줄 친 ①~⑤ 중 어법상 어색한 것을 고르시오.

14
> Do you know who ①invented the telephone? It ②invented by Alexander Graham Bell in 1876. He ③experimented with Watson, his assistant. The first words he ④spoke on his telephone ⑤were "Watson, come here. I need you."

② 그것(It=The telephone)이 '발명하는' 것이 아니라 '발명되는' 것이므로 수동태로 나타낸다. (invented → was invented)
• invent 발명하다 • experiment 실험하다 • assistant 조수
해석 누가 전화기를 발명했는지 아는가? 그것은 Alexander Graham Bell에 의해 1876년에 발명되었다. 그는 조수인 Watson과 실험을 했다. 그가 전화상으로 처음 한 말은 "Watson, 이리 좀 와 보게, 자네가 필요하네."였다.

해석 편지 한 통이 Thomas에게 보내졌고 그것은 탁자 위에 놓여졌다. 그는 그것이 Jessica에 의해 쓰여진 것이라고 생각했는데 그녀가 그 전날 그렇게 하겠다고 약속했기 때문이었다. 편지를 개봉할 때, 그의 가슴은 두근거렸다. 하지만, 놀랍게도 그것은 Susan에 의해 쓰여진 것이었다. 그녀는 그 편지에서 그를 얼마나 좋아하는지를 말했다.

15
> A letter ①was sent to Thomas and it ②was put on the table. He thought it ③was written by Jessica because she ④was promised to do so the other day. His heart beat rapidly as he opened the letter. To his surprise, however, it ⑤was written by Susan. She said how much she liked him in the letter.

④ 그녀(Jessica)가 약속되는 것이 아니라 약속하는 것이므로 능동태로 쓴다. (was promised → promised)
• beat (심장 따위가) 뛰다, 치다, 두드리다 • to one's surprise 놀랍게도

A 다음 ( ) 안에서 알맞은 말을 고르시오.

1 The wall (painted, was painted ✔) by my uncle.
벽이 칠해지는 것이므로 수동태로 나타낸다.

2 Bill (painted ✔, was painted) the roof yesterday.
Bill이 칠하는 것이므로 능동태로 나타낸다.

3 The telephone (invented, was invented ✔) by Bell.
전화기는 발명되는 것이므로 수동태로 나타낸다.

4 (She ✔, Her) was sent to New York on business.
수동태 문장의 주어 자리이므로 주격이 와야 한다.

5 Jina and David were trusted by (them ✔, they).
by 다음에는 목적격이 와야 한다.

B 다음 문장의 빈칸에 ( ) 안의 단어를 알맞은 형태로 바꿔 쓰시오.

1 James is kind. He ___is loved___ by many people. (love)
그가 사랑을 받는 것이므로 수동태로 나타낸다.

2 Her son ___was killed___ in the Korean War. (kill)
그녀의 아들이 죽임을 당했으므로 수동태로 나타낸다. 한국 전쟁은 과거의 일이므로 be동사의 시제도 과거로 나타낸다.

3 This movie ___was directed___ by Steven Spielberg last year. (direct)
영화가 감독되는 것이므로 수동태로 나타내되 last year가 있으므로 과거형으로 나타낸다.

4 Maybe this photo ___was taken___ by my aunt two years ago. (take)
사진은 찍히는 것이므로 수동태로 나타내되 two years ago가 있으므로 과거형으로 나타낸다.

5 Who wrote this poem? — It ___was written___ by Shakespeare. (write)
시는 누군가에 의해 쓰여지는 것이므로 수동태로 나타내고, 질문이 과거형이므로 대답할 때도 과거형으로 한다.

C 다음 문장의 <u>틀린</u> 부분을 바르게 고쳐 문장을 다시 쓰시오.

1 John invited to the Blue House by the officials.

→ _____ John was invited to the Blue House by the officials. _____
John이 초대받은 것이므로 수동태가 되어야 한다.

2 Thomas Brown was designed that tall building in 1976.

→ _____ Thomas Brown designed that tall building in 1976. _____
Thomas가 디자인한 것이므로 능동태가 되어야 한다.

3 It is believed not by most scientists.

→ _____ It is not believed by most scientists. _____
수동태의 부정은 be동사와 p.p. 사이에 not이 온다.

다음 문장의 빈칸에 알맞은 전치사를 쓰시오.

1 The box is filled _____with_____ chocolate.
· be filled with ~으로 가득차다

2 We have been worried _____about_____ you.
· be worried about ~에 대해 걱정하다

3 Paper is made _____from_____ pulp.
· be made from ~으로 만들어지다(원료나 재료가 변할 경우)

4 We were satisfied _____with_____ the service at the hotel.
· be satisfied with ~에 만족하다

5 My parents were surprised _____at_____ the news from Kelly.
· be surprised at ~에 놀라다

6 This wine is made _____from_____ red grapes.
화학적 변화로 만들어지는 것은 be made from을 쓴다.

7 _____By_____ whom was this vase broken?
'누구에 의해'라는 의미는 by whom이다.

8 My desk is made _____of_____ steel.
물리적 변화로 만들어지는 것은 be made of를 쓴다.

9 These shoes were bitten _____by_____ my puppy.
· bite 물어 뜯다 / 수동태 문장이므로 「by+행위자」를 넣어준다.

다음 문장을 수동태로 바꿔 쓰시오.

1 The workers washed the windows every day.

→ _____The windows were washed every day by the workers._____
능동태 문장을 수동태로 바꿀 때는 「주어+be동사+p.p.+by+행위자」로 나타낸다.

2 Ms. Brown didn't cook the chicken soup.

→ _____The chicken soup wasn't cooked by Ms. Brown._____
not이 포함된 능동태 문장을 수동태로 바꿀 때는 「주어+be동사+not+p.p.+by+행위자」로 나타낸다.

3 Did Philip draw the picture?

→ _____Was the picture drawn by Philip?_____
능동태 의문문을 수동태로 바꿀 때는 「Be동사+주어+p.p.+by+행위자 ~?」로 나타낸다.

4 My friends laughed at me.

→ _____I was laughed at by my friends._____
laugh at과 같은 동사구는 하나의 동사로 취급해서 수동태로 바꾼다.

5 A pickpocket took away my scarf.

→ _____My scarf was taken away by a pickpocket._____
take away와 같은 동사구는 하나의 동사로 취급해서 수동태로 바꾼다. / · pickpocket 소매치기

A 다음 중 어법상 맞는 문장에는 ○표, 어색한 문장에는 ×표 하시오.

1 I like to play the piano in the morning. (○)
나는 아침에 피아노 치는 것을 좋아한다.

2 Steven didn't want swim in the river. (×)
Steven은 강에서 수영하기를 원치 않았다.

3 To master Chinese is not that easy. (○)
중국어를 정복하는 것은 그다지 쉽지 않다.

4 It is difficult for you make new friends there. (×)
그곳에서 새 친구를 사귀는 것은 어렵다.

A
1 like의 목적어로 쓰인 to부정사이다.
2 want의 목적어로 쓰이려면 swim이 to부정사 형태로 쓰여야 한다. → to swim
3 주어로 쓰인 to부정사로 '중국어를 정복하는 것'이라고 해석한다.
4 「It ~ for ... to부정사」 구문으로 make는 to make 형태가 되어야 한다.

B 다음 두 문장이 같은 뜻이 되도록 빈칸에 알맞은 말을 쓰시오.

1 To learn to ride a bike was not an easy thing. 자전거 타는 것을 배우는 것은 쉬운 일이 아니었다.
→ __It__ __was__ not an easy thing __to__ __learn__ __to__ __ride__ a bike.

2 I don't know what to do first. 나는 먼저 무엇을 해야 할지 모르겠다.
→ I don't know __what__ __I__ __should__ __do__ first.

3 Let's decide where to go. 어디로 갈지 결정하자.
→ Let's decide __where__ __we__ __should__ __go__ .

B
1 to learn to ride a bike가 주어인 문장으로, 가주어 it이 앞에 온다. to ride는 learn의 목적어로 쓰인 to부정사이다.
2 「의문사+to부정사」는 「의문사+주어+should+동사원형」으로 바꿔 쓸 수 있다.
3 Let's는 의미상 we를 주어로 하므로 where 다음에 주어 we가 오면 된다.

C 다음 대화의 빈칸에 알맞은 말을 〈보기〉에서 골라 바른 형태로 쓰시오.

| 보기 | volunteer | take | travel | watch | wear |

1 A It's too cold outside. I don't know what __to__ __wear__ .
B Why don't you put on your fur coat?
A: 밖이 너무 추워. 무엇을 입어야 할지 모르겠어. B: 털 코트를 입지 그러니?

2 A What do you want to do when you go to college?
B My wish is __to__ __travel__ all around the world.
A: 대학에 가면 무엇을 하고 싶니? B: 내 소원은 전 세계를 여행하는 거야.

3 A Do you have any special plans for this summer vacation?
B I'm planning __to__ __volunteer__ in Africa.
A: 이번 여름 방학에 특별한 계획이 있니? B: 아프리카에서 자원 봉사를 할 계획이야.

C
1 cold, coat 등의 단어로 동사 wear가 필요함을 짐작할 수 있다. what to wear 무엇을 입어야 할지 fur 털, 모피
2 동사 is의 보어로 to부정사를 쓸 수 있다. 뒤에 이어지는 all around the world로 미루어 동사는 travel이 적절하다.
3 plan은 to부정사를 목적어로 취하는 동사이고, in Africa로 미루어 volunteer가 적절하다. 「be planning to+동사원형」 ~할 계획 중이다

D 다음 ( ) 안에 주어진 말을 사용하여 우리말을 영작하시오.

1 Bill은 다음에 무엇을 말해야 할지 몰랐다. (know, say)
→ _____Bill didn't know what to say next._____

2 컴퓨터를 어떻게 고쳐야 할지 배우기 어렵다. (it, learn, fix the computer)
→ _____It is difficult to learn how to fix the computer._____

3 Brian과 Mark는 그 일을 6월에 끝내기로 약속했다. (promise, finish)
→ _____Brian and Mark promised to finish the work in June._____

4 주말마다 그를 방문하는 것은 쉽지 않았다. (visit, easy, every)
→ _____To visit him every weekend wasn't easy. / It wasn't easy to visit him every weekend._____

D
1 '무엇을 말해야 할지'이므로 「의문사+to부정사」를 써서 what to say로 나타낸다.
2 '어떻게 고쳐야 할지'이므로 how to fix로 나타낸다. it이 있으므로 「It ~ to부정사」 구문으로 쓴다.
3 promise는 to부정사를 목적어로 취하는 동사이다.
4 주어로 쓰인 to부정사가 너무 길면 가주어 it을 사용한다.

A 다음 중 어법상 맞는 문장에는 ○표, 어색한 문장에는 ×표 하시오.

1 Violet has many things do at home. (×)
Violet은 집에서 할 일이 많다.

2 Do you have something warm to wear? (○)
따뜻하게 입을만한 게 있나요?

3 Tim rebuilt his house to live with. (×)
Tim은 살 집을 다시 지었다.

B 다음 두 문장을 to부정사를 사용하여 한 문장으로 쓰시오.

1 I have lots of books. I have to read them by next month.
→ _____ I have lots of books to read by next month. _____
나는 책이 많다. 나는 다음달까지 그것들을 읽어야 한다. / 나는 다음달까지 읽어야 할 책이 많다.

2 I have got some pictures. I want to show you some.
→ _____ I have got some pictures to show you. _____
나에게는 사진이 몇 장 있다. 나는 너에게 몇 장 보여주고 싶다. / 나는 너에게 보여줄 사진이 몇 장 있다.

3 We need more flour. We should bake a cake with flour.
→ _____ We need more flour to bake a cake with. _____
우리는 좀더 많은 밀가루가 필요하다. 우리는 밀가루로 케이크를 구워야 한다. / 우리는 케이크를 구울 더 많은 밀가루가 필요하다.

C 다음 대화의 빈칸에 알맞은 말을 〈보기〉에서 골라 쓰시오.

보기	work	nothing	something	no children
	to drink	to worry about	to take care of	to complete

1 A I am very thirsty after the long walk.
  B Wait a moment. Let me get you ___ something ___ to ___ drink ___ .
A: 오래 걸었더니 목이 매우 마르구나. B: 잠깐만 기다려. 마실 것을 가져다 줄게.

2 A I have a very important English test tomorrow.
  B Take it easy. There's ___ nothing ___ to ___ worry ___ about ___ .
A: 내일 매우 중요한 영어 시험이 있어. B: 진정해. 걱정할 것 하나도 없어.

3 A I heard Mr. and Mrs. Park are going to take a long vacation in Australia.
  B Sounds great. That's possible because they have ___ no ___ children ___
  ___ to ___ take ___ care ___ of ___ .
A: 박 선생님 부부가 호주에서 긴 휴가를 보낼 예정이래. B: 멋지구나. 돌보아야 할 애들이 없으니까 가능한 일이야.

4 A I couldn't take a rest at home. I had a lot of ___ work ___ to ___ complete ___
  B That's terrible.
A: 집에서 쉴 수가 없었어. 끝내야 할 일들이 많았거든. B: 안됐다.

D 다음 우리말과 같은 뜻이 되도록 빈칸에 알맞은 말을 쓰시오.

1 너에게 앉을 의자를 가져다 줄게.
→ Let me get you a chair ___ to ___ sit ___ on ___ .

2 나는 쓸 것이 없어. 네 펜을 좀 써도 될까?
→ I have nothing ___ to ___ write ___ with ___ . Can I use your pen?

3 너는 뭔가 나에게 중요하게 말할 게 있어 보인다.
→ You seem to have ___ something ___ important ___ to ___ tell ___ me.

EXERCISE

A 다음 밑줄 친 부분의 뜻을 우리말로 쓰시오.

1 She was pleased for her daughter to win the prize. ~을 타서
그녀는 딸이 상을 타서 기뻤다.
2 Janet has gone to New York to get a new job. ~을 구하기 위해서
Janet은 새 직장을 구하기 위해서 뉴욕으로 갔다.
3 His son grew up to be a great soldier. ~이 되었다
그의 아들은 커서 훌륭한 군인이 되었다.
4 He must be honest to say so. ~ 말하는 것을 보니
그가 그렇게 말하는 것을 보니 그는 정직한 것이 틀림없다.

B 다음 두 문장을 to부정사를 이용하여 한 문장으로 쓰시오.

1 I went home early. I wanted to take a rest.
→ I went home early to take a rest.
나는 집에 일찍 갔다. 나는 휴식을 취하고 싶었다. / 나는 휴식을 취하기 위해 집에 일찍 갔다.
2 Jacob heard the news. He was very excited.
→ Jacob was very excited to hear the news.
Jacob은 그 소식을 들었다. 그는 대단히 흥분했다. / Jacob은 그 소식을 듣고 매우 흥분했다.
3 I think Todd is smart. He wrote this complicated book.
→ Todd is smart to write this complicated book.
나는 Todd가 똑똑하다고 생각한다. 그가 이 어려운 책을 썼다. / Todd는 이 어려운 책을 쓸 만큼 똑똑하다.

C 다음 대화의 빈칸에 알맞은 말을 〈보기〉에서 골라 바른 형태로 쓰시오.

보기 help   become   study   understand   sing

1 A Daniel grew up ___to___ ___become___ a famous professor.
  B Good for him.
  A: Daniel은 자라서 유명한 교수가 되었어. B: 잘됐구나.
2 A Sarah felt a little embarrassed ___to___ ___sing___ in public.
  B She sang very well at that time, though.
  A: Sarah는 사람들 앞에서 노래하게 되어 약간 당황했어. B: 하지만 그녀는 그때 정말 노래를 잘 불렀어.
3 A I can't read Paul's letter. His handwriting is difficult ___to___ ___understand___.
  B Show me the letter and I'll read it for you.
  A: 나는 Paul의 편지를 읽을 수 없어. 그의 필체는 이해하기 어려워. B: 내게 그 편지를 보여주면 널 위해 읽어 줄게.

D 다음 ( ) 안에 주어진 말을 바르게 배열하여 대화를 완성하시오.

1 A Have you seen Phil lately?
  B He went to London to visit his aunt. (to London / he / his aunt / to visit / went)
  A: 최근에 Phil 본 적 있니? B: 고모를 방문하러 런던에 갔어.
2 A I don't think Marsha looks that intelligent.
  B That's not true. To hear her speak, you would think differently. (speak / to / her / hear)
  A: Marsha가 그렇게 똑똑해 보이는 것 같지는 않아. B: 그렇지 않아. 그 애가 말하는 것을 들으면 너는 다르게 생각할 거야.
3 A Mom, can I swim in the river?
  B I don't think it's a good idea. It looks dangerous to swim in.
  (to / it / looks dangerous / swim in)
  A: 엄마, 강에서 수영해도 돼요? B: 좋은 생각은 아니구나. 들어가 수영하기에는 위험해 보인다.

N.O.T.E.S

A
1 pleased는 '기쁜'이라는 의미의 감정 형용사이고 그 뒤의 to부정사는 그 감정의 원인으로 '~해서'로 해석한다.
2 Janet이 뉴욕에 간 목적이 to get a new job이기 때문에 '~하기 위해서'라고 해석한다.
3 grew up 뒤에 오는 to부정사는 '자라서 ~이 되었다'는 결과로 해석한다.
4 '정직한' 판단의 근거가 되는 to부정사로 '~하는 것을 보니'로 해석한다.

B
1 to부정사가 목적을 나타내는 표현으로 쓰였다.
2 to부정사가 감정을 나타내는 형용사와 함께 쓰여 감정의 원인을 나타내고 있다.
3 to부정사가 형용사 smart를 수식해 '~하는 것을 보니'라는 판단의 근거의 뜻으로 쓰였다.
complicated 복잡한, 까다로운

C
1 grew up, a famous professor로 미루어 빈칸에 알맞은 동사는 become이다. 결과를 나타내는 to부정사로 쓰였다.
2 뒤에 sang well이라는 표현이 나온다. embarrassed to sing(노래하게 되어 당황한)이라는 감정의 원인을 나타내는 표현으로 쓰였다.
embarrassed 당황한
public 대중
3 편지 읽는 상황과 difficult라는 단어와 어울리는 단어는 understand이다. 형용사를 수식해 '~하기에'라는 뜻으로 쓰였다.

D
1 목적을 나타내는 to부정사로 「주어+동사+to부정사」의 어순으로 나타낸다.
2 '말하는 것을 들으면'이라는 조건을 나타내는 to부정사로 「to+지각동사+목적어+목적격 보어(동사원형)」의 어순으로 나타낸다.
3 형용사를 수식하는 to부정사로 '~하기에'라는 뜻으로 쓰였다.
dangerous 위험한

23 Unit 6

Page 11

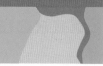

01 다음 대화의 빈칸에 알맞은 말은?

> A What are you doing, Jim?
> B I'm planning _____ to Jejudo.

① travel　　② travels　　③ traveled

④ traveling　✔⑤ to travel

plan은 뒤에 to부정사 형태의 목적어를 가진다.

[해석] A: 뭐 하고 있니, Jim? B: 제주도를 여행하려고 계획 중이야.

[2~3] 다음 중 밑줄 친 부분의 쓰임이 다른 것을 고르시오.

02 ① They decided to sell their car.
　　　그들은 차를 팔기로 결정했다.
② Mark wants to buy a pink cardigan.
　　Mark는 분홍색 카디건을 사고 싶어 한다.
✔③ There's nothing to be afraid of any more.
　　　더 이상 두려워할 것이 아무것도 없다.
④ My plan is to own a house in the countryside.
　　　내 계획은 시골에 집을 한 채 갖는 것이다.
⑤ It is good for your health to keep regular
　　hours.　　규칙적인 생활을 하는 것은 너의 건강에 좋다.

① ② 명사적 용법(목적어) ③ 형용사적 용법 ④ 명사적 용법(보어) ⑤ 가주어 it을
사용한 명사적 용법(주어) / • be afraid of ~을 두려워하다 • own 소유하다
• keep regular hours 규칙적인 생활을 하다

03 ① Ann is coming to Seoul to visit us.
　　　Ann은 우리를 방문하러 서울에 올 것이다.
✔② We are to keep the traffic laws.
　　　　　우리는 교통 법규를 지켜야 한다.
③ I'm going to the park to walk my dog.
　난 개를 산책시키러 공원에 가는 중이다.
④ Paul drove very quickly to get there on
　　time. Paul은 시간 내에 거기에 도착하기 위해 매우 빠르게 운전했다.
⑤ David went to the grocery store to buy
　　some cheese. David는 치즈를 사기 위해 식료품점에 갔다.

①, ③, ④, ⑤는 모두 '~하기 위해서'라는 목적의 의미이지만 ②는 「be동사+to부
정사」의 형태로 '~해야 한다'는 의무의 뜻이다.
• on time 시간 내에 • grocery store 식료품점

04 두 문장이 같은 뜻이 되도록 할 때 빈칸에 알맞은 것은?

> They asked me what to do next.
> → They asked me _____.

① what I should do next

✔② what they should do next

③ what I can do next

④ what they can do next

⑤ what we are doing next

「의문사+to부정사」는 「의문사+주어+should+동사원형」으로 바꿔 쓸 수 있는데
위 문장에서는 do의 주어가 they이다.

[해석] 그들은 다음에 무엇을 해야 할지 나에게 물었다.

[5~6] 밑줄 친 부분이 어법상 어색한 것을 고르시오.

05 ✔① Chris has no friends to play.
② Do you have anything to eat?
③ I need somebody to love me.
④ There are many places to visit in this
　　country.
⑤ This is the best way to learn a foreign
　　language.

① '친구를 노는' 것이 아니라 '친구와 함께 노는' 것이므로 play 다음에 with가
필요하다. (to play → to play with) / • foreign 외국의 • language 언어

[해석] ① Chris는 함께 놀 친구들이 없다. ② 먹을 것 좀 있니? ③ 나는 나를 사랑
해줄 사람이 필요하다. ④ 이 나라에는 방문할 곳이 많다. ⑤ 이것이 외국어를 배우
는 가장 좋은 방법이다.

06 ① Is it possible for Harry to solve this science
　　problem? Harry가 이 과학 문제를 푸는 것이 가능할까?
② A few carpenters constructed the old man's
　　house to live in. 몇몇 목수들이 그 노인이 살 집을 지었다.
③ Andrea didn't know where she should go.
　　Andrea는 어디로 가야 할지 몰랐다.
✔④ Jake grew in order to be a talented actor.
　　　　　　　　　　　　　　Jake는 커서 타고난 배우가 되었다.
⑤ To hear Joe speaking in Japanese, you
　　would take him a Japanese.
　　Joe가 일본어를 말하고 있는 것을 듣자면, 그를 일본 사람이라고 생각할 거야.

④ grow 다음에 오는 to부정사는 결과를 의미하므로 목적의 의미인 in order to
로 쓸 수 없다. / • solve 풀다, 해결하다 • carpenter 목수 • construct 건축
하다 • talented 타고난

07 다음 문장의 빈칸에 알맞은 말은?

> Alice and Paul are going to enter UCLA.
> They need a dormitory _____.

① live　　　　② to live　　　✔③ to live in

④ to live with　⑤ to living

'기숙사를 사는' 것이 아니라, '기숙사에서 사는' 것이므로 live 다음에 전치사 in이
필요하다. / • enter 입학하다 • dormitory 기숙사

[해석] Alice와 Paul은 UCLA에 진학할 예정이다. 그들은 들어가서 살 기숙사가
필요하다.

08 우리말과 같은 뜻이 되도록 빈칸에 알맞은 말을 쓰시오.

> 우리 할아버지는 컴퓨터를 사용하는 법을 배우고
> 싶어 하신다.
> → My grandfather wants to learn ___how___
> ___to___ ___use___ a computer.

「의문사+to부정사」는 learn이나 tell, know 등의 목적어 역할을 하며 how to
use는 '사용법'이라는 뜻이다.

Page 12

⑤ to부정사는 목적을 나타내는 부사적 용법으로 쓰였다. / • parcel 소포

09 다음 짝지어진 문장의 의미가 같지 <u>않은</u> 것은?

① Please tell me when to start.

  → Please tell me when I should start.

② To watch TV makes me relaxed.

  → It makes me relaxed to watch TV.

③ I met John at the party and I was very glad about it.

  → I was very glad to meet John at the party.

④ I don't have enough money, so I can't buy you the watch.

  → I don't have enough money to buy you the watch.

✔⑤ Mike went to the post office but he didn't send the parcel.

  → Mike went to the post office to send the parcel.

[해석] ① 언제 시작해야 할지 말해 줘요. ② TV를 시청하면 나는 긴장이 풀어진다. ③ 나는 파티에서 John을 만나서 매우 기뻤다. ④ 나는 충분한 돈이 없어서 너에게 그 손목시계를 사줄 수 없다. ⑤ Mike는 우체국에 갔으나 소포를 부치지 않았다. / Mike는 그 소포를 부치기 위해 우체국에 갔다.

10 ( ) 안의 단어를 바르게 배열하여 대화를 완성하시오.

A Did you hear the news? Joan is going to get married to Charles.

B Yes.   <u>She must be a fool to marry him.</u>

   (be / to marry him / she / must / a fool)

to부정사가 판단의 근거로 '~하다니'의 뜻으로 쓰였다.
• get married to ~와 결혼하다 • fool 바보
[해석] A: 그 소식 들었니? Joan이 Charles와 결혼한대. B: 응. 그와 결혼하다니 그녀는 바보임이 분명해.

[11~12] ( ) 안의 말을 사용하여 문장을 완성하시오.

11

We went to the library <u>to</u> <u>check</u> <u>out</u> books. (check out)

목적을 나타내는 to부정사의 부사적 용법이다. / • check out 대출하다
[해석] 우리는 책을 빌리러 도서관에 갔다.

12

I'm interested in cooking, so I want <u>to</u> <u>be</u> a cook. (be)

want는 to부정사를 목적어로 취하는 동사이다.
• cook 요리하다, 요리사
[해석] 나는 요리에 관심이 있어서 요리사가 되고 싶다.

13 다음 단어를 바르게 배열하여 문장을 만드시오.

anything / myself / I / to / make / slimmer / do / will / look

→   I will do anything to make myself look slimmer.

anything to make 순서로 써서 형용사적 용법의 to부정사를 나타낸다.
• slim 날씬한

[해석] 진호가 집에 왔을 때 집에는 아무도 없었고 그는 배가 매우 고팠다. 그는 먹을 것을 찾으려 했지만 부엌에는 아무것도 남아있지 않았다. 그는 피자를 주문하려고 결심했지만 전화번호를 어디에 두었는지 기억하지 못했다. 그는 엄마가 집에 오시기를 기다려야 했다. / • order 주문하다 • remember 기억하다

14 다음 글의 빈칸에 알맞은 말을 〈보기〉에서 골라 알맞은 형태로 바꿔 쓰시오.

보기   order   solve   get   join

When Jinho came home, there was no one there and he was very hungry. He wanted ⓐ <u>to get</u> something to eat, but there was nothing left in the kitchen. He decided ⓑ <u>to order</u> a pizza, but he didn't remember where he put the phone number. He had to wait for his mom to come home.

각각 something, a pizza와 어울리는 동사를 찾는다. ⓐ want의 목적어이므로 to부정사가 온다. ⓑ decide의 목적어이므로 to부정사가 온다.

[해석] 나는 함께 시간을 보낼 친구가 많다. 나는 그들과 함께 어울리는 것을 좋아하고 그것은 나에게 많은 에너지를 준다. 하지만 가끔은 혼자 있는 게 더 좋다. 사실, 이 도시에는 혼자서 할 만한 일들이 많다. 나는 커피를 마시기 위해 커피숍에 갈 수도 있고 책을 읽기 위해 도서관에 갈 수도 있다. 나는 혼자 있는 것이 두렵지 않다.

15 다음 ( ) 안의 단어를 각각 알맞은 형태로 바꿔 쓰시오.

I have a lot of friends ⓐ(spend) time together. I like to hang out with them and it gives me energy. But sometimes I prefer being alone. Actually, there are a lot of things ⓑ(do) alone in this city. I can go to a cafe ⓒ(drink) coffee or go to the library ⓓ(read) books. I'm not afraid to be alone.

ⓐ <u>to spend</u>   ⓑ <u>to do</u>

ⓒ <u>to drink</u>   ⓓ <u>to read</u>

모두 to부정사로 바꾸면 된다. ⓐ, ⓑ 형용사적 용법 ⓒ, ⓓ 부사적 용법(목적) /
• hang out with ~와 어울리다 • prefer 선호하다 • actually 사실은
• afraid 두려워하는

 다음 ( ) 안에서 알맞은 말을 고르시오.

1 Janice is planning (going, to go ✓) to Paris this summer.
plan은 to부정사를 목적어로 취하는 동사이다.

2 I'm looking for a roommate to (live, live with ✓).
룸메이트는 함께 사는 사람이므로 live 다음에 전치사 with가 필요하다.

3 The boss has (something important to say ✓, something to say important) to you.
-thing으로 끝나는 단어가 형용사와 to부정사의 수식을 동시에 받을 때는 「-thing+형용사+to부정사」로 나타낸다.

4 Jerry must be very honest (saying, to say ✓) so.
'~하다니' 라는 뜻의 판단의 근거를 나타내는 to부정사가 필요하다.

5 Her daughter grew up (being, to be ✓) a talented singer.
결과를 나타내는 부사적 용법의 to부정사가 필요하다.

 다음 문장의 <u>틀린</u> 부분을 바르게 고쳐 문장을 다시 쓰시오.

1 Bring me cold something to drink.
→ _____ Bring me something cold to drink. _____
「something+형용사+to부정사」가 올바른 어순이다.

2 Tell me what I to do.
→ _____ Tell me what to do. / Tell me what I should do. _____
what to do나 what I should do가 적절하다.

3 We decided purchasing that car.
→ _____ We decided to purchase that car. _____
decide는 to부정사를 목적어로 취하므로 to purchase가 적절하다.

4 I need an armchair to sit.
→ _____ I need an armchair to sit on. _____
'앉을 의자' 이므로 sit 뒤에 전치사 on이 와야 한다.

 다음 문장의 빈칸에 ( ) 안의 단어를 알맞은 형태로 바꿔 쓰시오.

1 When did you learn ____to cook____ Chinese food? (cook)
learn은 to부정사를 목적어로 취한다.

2 It isn't easy ____to keep____ my room clean all the time. (keep)
it의 진주어 자리에는 to부정사가 와야 한다.

3 How generous he is ____to do____ such a thing! (do)
판단의 근거를 나타내는 to부정사가 필요하다.

4 I have to go see a doctor ____to check____ my health. (check)
'확인하기 위해서' 라는 의미의 to부정사가 필요하다.

D 다음 우리말과 같은 뜻이 되도록 빈칸에 알맞은 말을 쓰시오.

1 나는 음악 감상을 하면 긴장이 풀어진다.

→ ____To____ ____listen____ to music makes me relaxed.

makes의 주어가 필요하므로 동사를 to부정사로 나타낸다.

2 잠자리에 들 시간이다.

→ It's time ____to____ ____go____ to bed.

time을 꾸며줄 to부정사가 필요하다.

3 쓸 종이 한 장을 제게 주세요.

→ Please give me a piece of paper ____to____ ____write____ ____on____ .

paper를 꾸며줄 to부정사가 필요한데, 종이 위에 쓰는 것이므로 전치사 on이 필요하다.

4 그렇게 행동하다니 참 어리석구나.

→ You are so foolish ____to____ ____behave____ ____that____ ____way____ .

to behave는 판단의 근거를 나타낸다.

5 나는 이 재킷을 수선하고 싶다.

→ I ____would____ ____like____ ____to____ ____mend____ this jacket.

「would like to+동사원형」이 필요하다.

6 그 어린 소녀는 자라서 클래식 피아노 연주자가 되었다.

→ The little girl ____grew____ ____up____ ____to____ ____be____ a classical pianist.

결과를 나타내는 to부정사의 부사적 용법이 필요하다.

E 다음 두 문장이 같은 뜻이 되도록 빈칸에 알맞은 말을 쓰시오.

1 I heard the news and it made me surprised.

→ I was surprised ____to____ ____hear____ the news.

'~하게 되어'의 뜻을 가지는 원인을 나타내는 to부정사가 필요하다.

2 To fall on the sidewalk was embarrassing.

→ It was embarrassing ____to____ ____fall____ on the sidewalk.

주어로 쓰인 to부정사가 너무 길 때는 문장 끝으로 보내고 빈 자리에 가주어 it을 써준다.

3 Can you tell me when I should stop it?

→ Can you tell me ____when____ ____to____ ____stop____ ____it____ ?

「의문사+주어+should+동사원형」은 「의문사+to부정사」로 간단하게 나타낼 수 있다.

4 I want to become slimmer so I'm going to start exercising.

→ I'm going to start exercising ____to____ ____become____ slimmer.

목적을 나타내는 to부정사가 필요하다.

5 I don't want to fail the exam so I'm studying very hard.

→ I'm studying very hard ____not____ ____to____ ____fail____ the exam.

'~하지 않기 위해서'는 「not+to부정사」로 쓴다.

EXERCISE

A 다음 밑줄 친 부분이 동명사인지 현재분사인지 구분하시오.

1 I'm very interested in collecting world-famous stamps. 동명사
나는 세계적으로 유명한 우표를 모으는 것에 매우 관심이 있다.

2 Look at the falling leaves. They're like snow. 현재분사
떨어지고 있는 잎들을 봐. 마치 눈 같다.

3 What he does on weekends is vacuuming the carpet. 동명사
그가 주말마다 하는 것은 카펫을 청소하는 것이다.

A
동명사와 현재분사는 둘 다
형+-ing」이지만, 동명사는 명...
할을 하는 반면, 현재분사는 형...
서 명사를 수식하거나 진행형...
로 쓰인다.
1 전치사 in의 목적어로 쓰인 ...
2 명사 leaves를 수식하여 '떨...
있는'이라는 의미의 현재분사
3 be동사 뒤에 보어로 쓰인 동...

B 다음 두 문장이 같은 뜻이 되도록 빈칸에 알맞은 말을 쓰시오.

1 Don't drive a car in the heavy rain. It's dangerous.

→ _Driving_ _a_ _car_ in the heavy rain is dangerous.
폭우 속에서 운전하지 마라. 위험하다. / 폭우 속에서 운전하는 것은 위험하다.

2 You don't have to hurry. I can wait here.

→ Don't be in a hurry. I don't mind ___waiting___ here.
서두를 필요 없다. 내가 여기서 기다리면 된다. / 서두르지 마라. 여기서 기다리는 것이 괜찮아.

3 I don't think I can persuade him.

→ I think I should give up ___persuading___ him.
내가 그를 설득할 수 있을 것 같지 않다. / 그를 설득하는 것을 포기해야 할 것 같다.

B
1 동명사가 문두에 와서 문장의...
역할을 할 수 있다.
dangerous 위험한
2 mind는 동명사를 목적어로...
동사이다. / hurry 서두르다...
~하는 것을 꺼리다
3 전치사 뒤에는 동명사가 되...
온다. / persuade 설득하다...
up 포기하다

C 다음 대화의 빈칸에 알맞은 말을 〈보기〉에서 골라 바른 형태로 쓰시오.

보기	read	ski	build	invite	finish	make	send

1 A Hi, Paul. Thank you for coming.

B Happy Birthday! Thank you for ___inviting___ me.
A: 안녕, Paul. 와 줘서 고마워. B: 생일 축하해! 초대해 줘서 고마워.

2 A What is your hobby?

B I'm interested in ___making___ model airplanes.
A: 너는 취미가 뭐니? B: 나는 모형 비행기 만드는 데 관심이 있어.

3 A What do you usually do during winter vacation?

B I go to the Alps in Switzerland and enjoy ___skiing___.
A: 너는 겨울 방학 동안 보통 무엇을 하니? B: 스위스의 알프스에 가서 스키를 즐겨.

4 A Did you finish ___reading___ the newspaper?

B Not yet. If you want to, you can read it first.
A: 신문 다 읽었어? B: 아직 아니야. 원한다면 네가 먼저 읽어도 돼.

C
1 생일과 어울리는 동사는 inv...
전치사 for 다음에는 동명사가...
2 model airplanes와 어울리...
사는 make이며 전치사 in...
는 동명사가 온다.
3 winter vacation과 the A...
Switzerland와 어울리는...
ski이며 enjoy는 동명사를...
로 취한다.
4 the newspaper와 어울리...
는 read이며 finish는 동명...
적어로 취한다.

D 다음 우리말과 같은 뜻이 되도록 동명사를 이용하여 영작하시오.

1 아침에 일찍 일어나는 것은 매우 힘들다. (get up, hard)

→ _____ Getting up early in the morning is very hard. _____

2 우리 할머니는 식물을 잘 재배하신다. (be good at, grow)

→ _____ My grandmother is good at growing plants. _____

3 우리는 주말마다 호수 주변을 산책하는 것을 좋아한다. (be fond of, take walks)

→ _____ We are fond of taking walks around the lake on weekends. _____

D
1 get up이 주어가 되어야...
동명사로 만든 다음, 동사...
순서로 문장을 만든다.
2 be good at 다음에는 동명...
태가 와야 한다.
be good at ~을 잘하다
3 be fond of의 목적어로...
와야 하므로 taking wa...
쓴다.

EXERCISE

A 다음 ( ) 안에서 알맞은 말을 고르시오.

1 She learned (to ride ✓, riding) a horse from her father when she was young.
그녀는 어려서 아버지에게 승마를 배웠다.

2 I forgot (to turn off, turning off) the light last night. So my dad turned it off this morning. 나는 어젯밤 전기불을 끄는 것을 깜빡했다. 그래서 오늘 아침 아빠가 끄셨다.

3 Cindy finished (to mop, mopping ✓) the floor and (to wash, washing ✓) the dishes.
Cindy는 마루를 닦는 것과 설거지하는 것을 모두 끝냈다.

4 I stopped (to play, playing) tennis when I got married. 나는 결혼하고 테니스를 그만뒀다.

A
1 learn은 to부정사만을 목적어로 취한다.
2 뒤에 동명사를 쓰면 과거에 있었던 일 자체를 잊은 경우이고, to부정사를 쓰면 (앞으로) 할 일을 잊은 경우를 말하므로, 여기서는 forgot to turn off가 맞다.
3 finish는 동명사만을 목적어로 취한다. mopping과 washing 두 개의 목적어를 취하고 있다.
4 「stop+-ing」는 '~하는 것을 그만두다'이다.

B 다음 두 문장이 같은 뜻이 되도록 빈칸에 알맞은 말을 쓰시오.

1 I don't think it's a good idea to talk to him.

→ It's better to avoid ___talking___ ___to___ ___him___ .
그에게 말 거는 것은 좋은 생각이 아니야. / 그에게 말 거는 것을 피하는 게 나아.

2 I remember that I bought the earrings for her.

→ I remember ___buying___ the earrings for her.
나는 내가 그녀에게 귀걸이를 사주었던 것이 기억난다.

3 I forgot that I had met the girl called Jenny.

→ I forgot ___meeting___ the girl called Jenny.
나는 Jenny라 불리는 소녀를 만났던 걸 잊었다.

B
1 avoid는 동명사만을 목적어로 취하는 동사이다.
2 「remember+-ing」는 '(과거에) ~한 것을 기억하다'이다.
3 「forget+-ing」는 '(과거에) ~한 것을 잊다'이다.

C 다음 대화를 읽고, 문장의 빈칸에 알맞은 말을 쓰시오.

1 Mom   Please write to me every week.

Tom   Yes, Mom. I will.

Mom: 매주 나에게 편지를 써 주렴.
Tom: 네, 엄마. 그럴게요.
Tom은 그의 엄마에게 매주 편지를 쓰기로 약속했다.

→ Tom promised ___to___ ___write___ to his mom every week.

2 Steve   I'm getting tired of living in the big city. Can we just move out of here?

Sarah   That's what I have been thinking. Let's find a house in the countryside.

→ Sarah agreed ___to___ ___move___ ___out___ ___of___ the big city.

Steve: 대 도시에서 사는 게 점점 실증나고 있어. 여기서 이사 나갈까? Sarah: 나도 그렇게 생각하고 있었어. 시골에 있는 집을 알아보자.
Sarah는 대도시에서 이사 나가는 것에 동의했다.

D 다음 ( ) 안에 주어진 말을 사용하여 우리말을 영작하시오.

1 그녀는 3년 동안 피아노 치는 연습을 해 왔다. (practice, three years)

→ She has practiced playing the piano for three years.

2 그는 한 달 전 수학 공부를 포기했다. 그는 이제 무얼 하는 것도 즐겨하지 않는다.
(give up, enjoy, nothing)

→ He gave up studying math a month ago. He enjoys doing nothing now.

3 Matthew는 우리를 돕는 것을 거절했다. (refuse)

→ Matthew refused to help us.

D
1 practice는 동명사만을 목적어로 취한다.
2 '포기하다'는 give up을 쓰며, 동명사를 목적어로 취한다.
「enjoy+-ing」는 '~을 즐기다'라는 뜻으로 '어떤 것도 즐겨하지 않다'는 nothing을 사용하여 enjoy doing nothing으로 표현할 수 있다.
3 「refuse+to부정사」는 '~하는 것을 거절하다'라는 뜻이다.

EXERCISE

A 다음 중 어법상 맞는 문장에는 ○표, 어색한 문장에는 ×표 하시오.

1 I appreciate your coming to my birthday party. (○)
나의 생일 파티에 네가 와 줘서 고맙다.

2 I was sorry for not to answer your letter. (×)
너의 편지에 답장하지 못해서 미안했어.

3 Katie is used to get up early in the morning. (×)
Katie는 아침 일찍 일어나는 것에 익숙하다.

4 Thank you for not blaming me for the result. (○)
그 결과에 대해 나를 비난하지 않아서 고마워.

A
1 동명사의 의미상 주어는 동명
에 소유격이나 목적격으로 쓴다
2 전치사 for의 목적어 자리이
not answering이 되어야 한
3 '~하는 데 익숙하다'는 표
「be used to -ing」이다.
4 동명사의 부정은 동명사 앞에
이나 never를 붙인다.
blame 비난하다, 꾸짖다

B 다음 밑줄 친 부분을 바르게 고쳐 쓰시오.

1 I was busy to write an essay for the contest. writing
나는 경시 대회로 에세이를 쓰느라 바빴다.

2 Mom blamed me about keeping not my promise. not keeping
엄마는 내가 약속을 지키지 않은 것에 대해 나를 비난했다.

3 Jake was used to transfer buses downtown. to transferring
Jake는 시내에서 버스를 갈아타는 데 익숙했다.

B
1 '~하느라 바쁘다'는 표현은
busy -ing」이다.
2 비난하는 이유는 '약속을 지키
은 것'이다. 동명사의 부정은
사 앞에 부정어를 둔다.
promise 약속, 약속하다
3 '~하는 데 익숙하다'는 표
「be used to -ing」이다.
transfer 갈아타다

C 다음 대화의 빈칸에 알맞은 말을 〈보기〉에서 골라 바른 형태로 쓰시오.

보기	tell	laugh	climb	fly	grow	sleep

1 A We gave up ___climbing___ the mountain because it was too cold.
 B That's too bad.
A: 날씨가 너무 추워서 우리는 등산하는 것을 포기했어. B: 안됐구나.

2 A I don't mind ___sleeping___ on the sofa.
 B Isn't it uncomfortable?
A: 나는 소파에서 자는 것도 괜찮아. B: 불편하지 않니?

3 A You look so funny. I can't help ___laughing___.
 B Don't tease me.
A: 너 너무 우스워 보인다. 웃지 않을 수가 없네. B: 놀리지 마.

C
1 '산에 오르다'는 climb
mountain이고, give up의
어가 되므로 동명사가 와야 한
give up ~을 포기하다
2 내용상 '소파 위에서 자는 것'
해 개의치 않는다고 해야 자연
다. mind의 목적어가 되므로
사가 적절하다.
uncomfortable 불편한
3 '~하지 않을 수 없다'는 「ca
help -ing」이다.
cannot=can't
tease 놀리다

D 다음 우리말과 같은 뜻이 되도록 빈칸에 알맞은 말을 쓰시오.

1 만약 네가 밴쿠버를 방문하고 싶다면 사진기를 가져가는 것을 잊지 마라.
 → If ___you___ ___feel___ ___like___ ___visiting___ Vancouver, don't forget
 to bring your camera.

2 Alicia는 다음 달에 태국에 가는 것을 학수고대하고 있다.
 → Alicia is ___looking___ ___forward___ ___to___ ___going___ to Thailand next
 month.

3 회의에 참석하지 못해서 정말 죄송합니다.
 → I'm very sorry for ___not___ ___attending___ the meeting.

D
1 '~하고 싶다'는 표현은 「feel
-ing」이다.
2 '~하기를 고대하다'는 「
forward to -ing」로 표현한
3 '~하지 못해서 미안하다'는 표
「be sorry for not -ing」로 쓴

01 다음 빈칸에 들어갈 말이 바르게 짝지어진 것은?

> • Do you enjoy _____ to classical music alone?
> • I forgot _____ this parcel. I have to go to the post office now.

① listen – to mail　② listening – mailing
✔③ listening – to mail　④ to listen – mailing
⑤ to listen – to mail

첫 번째 문장의 enjoy는 동명사를 목적어로 취하는 동사이다. 두 번째 문장은 문맥상 아직 소포를 부치지 못한 것이므로 미래의 일을 나타내는 to부정사가 필요하다.

02 다음 빈칸에 들어갈 말로 어색한 것은?

> They _____ to hold a welcoming party for Sean.

① agreed　　② decided　　③ planned
④ wished　✔⑤ minded

mind는 동명사를 목적어로 취하는 동사이다.
해석 그들은 Sean의 환영 파티를 갖기로 ① 동의했다 ② 결심했다 ③ 계획했다 ④ 바랐다.

03 다음 대화의 밑줄 친 ①~⑤ 중 어법상 어색한 것은?

> A Most women are worried about not
>   ①   ②   ③
>   look younger. 대부분의 여성들은 더 어려 보이지 않는 것을
>   ✔④   걱정해.
> B You can say that again. 네 말이 맞아.
>   ⑤

④ 전치사 about의 목적어 자리이므로 looking이 되어야 하고 이 동명사를 not이 부정하고 있다.

04 다음 밑줄 친 부분을 to부정사로 바꿔 쓸 수 없는 것은?
내 꿈은 복권에 당첨되는 것이다.
① My dream is winning a lottery.
② I don't like speaking in public. 난 사람들 앞에서 말하는 것을 좋아하지 않는다.
③ Suddenly, the baby began crying. 갑자기 아기가 울기 시작했다.
④ Watching too much TV isn't good for your eyes. TV를 너무 많이 보는 것은 눈에 좋지 않다.
✔⑤ I object to going to the zoo. 난 동물원에 가는 거 반대야.

주어나 보어로 쓰인 동명사는 to부정사와 바꿔 쓸 수 있고 like와 begin은 to부정사와 동명사 모두를 목적어로 취한다. 그러나 object to는 to가 전치사이므로 뒤에 동명사만 올 수 있다. / •lottery 복권 •in public 사람들 앞에서

「stop+-ing」 ~하는 것을 멈추다 / 「stop+to부정사」 ~하기 위해 (하던 일을) 멈추다 / •be good at ~을 잘하다 •complain 불평하다

05 다음 짝지어진 두 문장의 의미가 같지 않은 것은?

✔① My grandfather stopped drinking.
　→ My grandfather stopped to drink.
② My brother is very good at singing.
　→ My brother sings very well.
③ I forgot to tell you this.
　→ I forgot that I should tell you this.
④ Jim began to complain about his job.
　→ Jim began complaining about his job.
⑤ My goal is to win a gold medal in the Olympic games.
　→ My goal is winning a gold medal in the Olympic games.

해석 ① 우리 할아버지는 술을 끊으셨다. / 우리 할아버지는 술을 드시기 위해 (하던 일을) 멈추셨다. ② 내 남동생은 노래를 무척 잘한다. ③ 나는 너에게 이것을 말하는 것을 잊었다. ④ Jim은 자기 일에 대해 불평하기 시작했다. ⑤ 나의 목표는 올림픽 게임에서 금메달을 따는 것이다.

[6~7] 다음 ( ) 안의 단어들을 사용하여 우리말을 영어로 옮기시오.

06

> 그는 집에서 TV 보는 데 너무 많은 시간을 보낸다.
> (spend, watch, home)

→ _____ He spends too much time watching TV at home. _____

'~하는 데 시간을 보내다'는 「spend+시간+-ing」로 나타낸다.

'~할 가치가 있다'는 「be worth -ing」로 나타낸다.

07

> 저 빵집의 케이크는 먹어볼 가치가 있다.
> (bakery, worth, eat)

→ _____ The cake in that bakery is worth eating. _____

앞으로 할 일을 잊지 말라고 했으므로 「forget+to부정사」를 쓴다.
•run out of 부족하다

08 다음 대화의 빈칸에 알맞은 말은?

> A Mom, I'm going out. I'll be back by six.
> B Tom, we've run out of salt. Don't forget _____ some when you come home.

① buy　　② buying　✔③ to buy
④ to buying　⑤ being bought

해석 A: 엄마, 저 나가요. 여섯 시까지 돌아올게요.
B: Tom, 소금이 다 떨어졌구나. 집에 올 때 소금 사오는 것 잊지 마라.

〈보기〉와 ①, ②, ④, ⑤는 모두 동명사, ③은 butterflies를 수식하는 현재분사
• be poor at ~을 못하다 • take care of ~을 돌보다

09 다음 〈보기〉의 밑줄 친 부분과 쓰임이 <u>다른</u> 것은?

> 보기 I love <u>going</u> shopping. 나는 쇼핑하러 가는 것을 좋아한다.

① Bill gave up <u>buying</u> the tickets.
② David is poor at <u>drawing</u> pictures.
✔③ Look at the <u>flying</u> butterflies over the roses.
④ His main interest is <u>taking</u> care of poor people.
⑤ <u>Walking</u> the dog every morning is my job.

해설 ① Bill은 그 표를 사는 것을 포기했다. ② David는 그림을 못 그린다. ③ 장미꽃 위를 날아다니는 나비들을 좀 봐. ④ 그의 주된 관심은 가난한 사람들을 돌보는 것이다. ⑤ 아침마다 개를 산책시키는 것이 내 일이다.

10 다음 중 어법상 <u>어색한</u> 문장은?

① I'm really sorry for being late for the meeting. 모임에 늦어서 정말 미안해.
② There's no chance of closing my school. 우리 학교가 문을 닫을 가능성은 없어.
③ He was looking forward to his son's getting better. 그는 아들이 더 나아지기를 바라고 있었다.
✔④ Mini prefers cleaning not the house on weekends. Mini는 주말마다 집을 청소하지 않는 것을 더 좋아한다.
⑤ Walter decided to leave for India next month. Walter는 다음 달에 인도로 떠나기로 결정했다.

④ 동명사의 부정은 동명사 앞에 not을 붙인다. (cleaning not → not cleaning)
• be sorry for ~에 대해 유감이다 • look forward to ~을 고대하다 • prefer ~을 선호하다

[11~12] 다음 두 문장이 같은 뜻이 되도록 빈칸에 알맞은 말을 쓰시오.

11
> My mother cooks very well.
> → My mother is very good at ___cooking___.

be good at에서 at이 전치사이므로 다음에 동명사가 온다.
해설 우리 어머니는 요리를 대단히 잘하신다.

12
> John remembered that he had not bought a ticket.
> → John remembered ___not___ ___buying___ a ticket.

과거에 있었던 일을 기억했으므로 「remember+-ing」를 쓰고, '사지 않았음'을 기억했으므로 not을 쓴다.
해설 John은 표를 사지 않았음을 기억했다.

13 다음 우리말을 영어로 옮길 때 빈칸에 알맞은 말을 쓰시오.

> 어려움으로부터 도망치는 것은 소용없는 일이다.
> → It is no ___use___ ___running___ away from difficulties.

「It is no use -ing」 ~해도 소용없다
• run away 도망치다

해설 우리 할아버지는 담배를 많이 피우는 것을 좋아하신다. 하지만 이제는 건강상의 문제 때문에 담배를 끊으셔야 한다. 지난 달에, 김 선생님은 할아버지께 담배를 끊으라고 강하게 권고하셨고 할아버지도 그러겠다고 하셨다. 그때부터 할아버지는 끊으려고 노력은 하셨지만 그것이 할아버지에게는 너무 어려웠다. 이제 할아버지는 "아마도 금연을 포기해야 할까 보다. 너무 어렵구나."라고 말씀하신다.

14 다음 밑줄 친 부분 중 어법상 <u>어색한</u> 것은?

> My grandfather enjoys ①<u>smoking</u> a lot. But now he should stop ②<u>smoking</u> because he's got a health problem. Last month, Dr. Kim strongly advised him to quit ✔③<u>to smoke</u> and he said he would. From then on, he tried ④<u>to quit</u> but it was too difficult for him. Now he says, "Maybe I should give up ⑤<u>stopping</u> smoking. It's too hard."

③ quit는 목적어로 동명사가 온다. (to smoke → smoking)
• strongly 강하게 • quit 그만두다

해설 대학에 입학한 후 나는 세계를 여행하기로 결심했고 친구들과 유럽에 가려고 계획을 짜고 있었다. 하지만 그들은 몇 가지 이유 때문에 나와 함께 가지 못하고 결국엔 나 혼자 여행을 가야 했다. 처음에는 혼자라는 게 두려웠다. 하지만 시간이 지나면서 혼자서 여행하는 사람들이 대단히 많다는 것을 알 수 있었다.

15 다음 ( ) 안의 단어를 각각 알맞은 형태로 쓰시오.

> After I entered college, I decided ⓐ (travel) around the world and I was planning ⓑ (go) to Europe with my friends. But they couldn't come with me for some reasons, and in the end I had to travel by myself. For the first time, I was afraid of ⓒ (be) alone. But as time went by, I could realize there were so many people traveling alone.

ⓐ ___to travel___   ⓑ ___to go___
ⓒ ___being___

decide와 plan은 to부정사를 목적어로 취하는 동사이다. ⓒ는 be afraid of의 전치사(of) 다음이므로 동명사가 와야 한다. / • enter 입학하다 • reason 이유 • in the end 결국에는 / • by oneself 혼자서 • for the first time 처음으로

다음 ( ) 안에서 알맞은 말을 고르시오. (경우에 따라 답이 두 개일 수 있음)

1 Mr. and Mrs. Brown enjoy (to play, playing ✓) tennis.
enjoy는 동명사를 목적어로 취한다.

2 Alex is really good at (playing ✓, to playing) chess.
전치사 다음에는 동명사가 와야 한다. / 「be good at + -ing」 ~을 잘하다

3 The old gentleman stopped his car (helping, to help ✓) me fix my car.
「stop + -ing」 ~하는 것을 멈추다 / 「stop + to부정사」 ~하기 위해 멈추다

4 The old lady avoids (to travel, traveling ✓) by plane whenever she can.
avoid는 동명사를 목적어로 취한다.

5 The little kid hates (to eat ✓, eating ✓) spinach.
hate는 to부정사와 동명사를 모두 목적어로 취할 수 있다.

다음 문장의 틀린 부분을 바르게 고쳐 문장을 다시 쓰시오.

1 I don't mind to sit in an aisle seat.

→ _____ I don't mind sitting in an aisle seat. _____
mind는 동명사를 목적어로 취한다.

2 We chose buy fast food instead of cook something.

→ _____ We chose to buy fast food instead of cooking something. _____
choose는 to부정사를 목적어로 취하며, 전치사 of 다음에는 동명사가 전치사의 목적어로 온다.

3 He stopped to eat breakfast and rushed to the bus stop.

→ _____ He stopped eating breakfast and rushed to the bus stop. _____
아침 먹던 것을 그만두고 뛰어나갔으므로 「stop + -ing」가 적절하다.

4 It is important to not believe all they said.

→ _____ It is important not to believe all they said. _____
to부정사의 부정은 「not + to부정사」이다.

다음 문장의 빈칸에 ( ) 안의 단어를 알맞은 형태로 바꿔 쓰시오.

1 Raising[To raise] a dog is very good for old people. (raise)
동사 is의 주어 자리에는 동명사와 to부정사 둘 다 가능하다.

2 I won't give up __going__ on a diet. (go)
give up은 동명사를 목적어로 취한다.

3 I think I'm overweight. So I've decided to stop __eating__ junk food. (eat)
「stop + -ing」 ~하는 것을 멈추다

4 The man doesn't like __talking[to talk]__ on the phone. (talk)
like는 동명사와 to부정사를 모두 목적어로 취할 수 있다.

다음 우리말과 같은 뜻이 되도록 빈칸에 알맞은 말을 쓰시오.

1 나는 친구들과 농구하는 것을 정말로 즐긴다.

→ I really enjoy ___playing___ basketball with my friends.

enjoy는 동명사를 목적어로 취한다.

2 음악 좀 꺼도 괜찮겠니?

→ Do you ___mind___ ___turning___ off the music?

mind는 동명사를 목적어로 취한다.

3 편지 쓰는 것을 끝냈니?

→ Did you ___finish___ ___writing___ the letter?

finish는 동명사를 목적어로 취한다.

4 나는 케이크 굽는 데 서툴다.

→ I'm not ___good___ ___at___ ___baking___ cakes.

전치사 다음에는 동명사가 온다. / • be good at ~을 잘하다

5 나는 오늘 오후 회의에 가지 않을 생각이다.

→ I'm thinking of ___not___ ___going___ to the meeting this afternoon.

전치사의 목적어 자리이므로 동명사가 필요하고 동명사의 부정은 동명사 앞에 not을 붙인다.

6 나와 함께 한 시간들을 꼭 기억해 줘.

→ Please ___remember___ ___having___ a great time with me.

과거에 한 일을 기억하는 것은 「remember + -ing」이다.

다음 두 문장이 같은 뜻이 되도록 빈칸에 알맞은 말을 쓰시오.

1 I remember that I made a promise with Susie.

→ I remember ___making___ a promise with Susie.

「remember + -ing」 (과거에) ~한 것을 기억하다

2 Bill remembered that he should meet Jane next month.

→ Bill remembered ___to meet___ Jane next month.

「remember + to부정사」 (미래에) ~할 것을 기억하다

3 Don't forget you should buy some cheese on the way home.

→ Don't forget ___to buy___ some cheese on the way home.

「forget + to부정사」 (미래에) ~할 것을 잊다

4 Jessica made an effort to solve the problem.

→ Jessica tried ___to solve___ the problem.

「try + to부정사」 ~하려고 노력하다

5 A doctor advised me to stop smoking, but I'm not a non-smoker yet.

→ I'm trying ___to stop___ smoking, but it's not easy ___to stop___.

try의 목적어와 진주어인 to부정사가 각각 필요하다.

01 다음 문장의 빈칸에 알맞은 말은?

> The roof _____ yet. The workers said they would finish it by this afternoon.

① doesn't repair   ② didn't repair

③ is repaired   ✔④ is not repaired

⑤ is not repairing

지붕이 '수리되는' 것이므로 수동태로 나타내되 아직 수리되지 않았으므로 의미상 부정문으로 표현한다. / • repair 수리하다

[2~3] 다음 중 밑줄 친 부분이 어법상 어색한 것을 고르시오.

02 ① The city is filled with smog.

✔② The pond is covered for ice.

③ Jeff is not interested in history.

④ We are not satisfied with his work.

⑤ Boa is known to everyone in Japan.

② be covered with ~으로 덮여 있다 (for → with)
• smog 스모그

03 ① Can I have a sheet of paper to write?

② They need more material to use.

③ There is nothing to check any more.

④ Susan bought some books to read.

⑤ David is not a man to say such a thing.

① '종이를 쓰는' 것이 아니라 '종이 위에 쓰는' 것이므로 write 다음에 전치사 on 이 필요하다. (to write → to write on)
• material 재료

• appreciate 고마워하다 「have difficulty -ing」 ~하는 데 어려움이 있다
• 「object to -ing」 ~에 반대하다

04 다음 중 어법상 어색한 문장은?

① We're sorry for not being on time.

② I appreciate your coming to me.

✔③ Jim is used to keep a diary in French.

④ Patty had difficulty going on a diet.

⑤ My parents objected to my marrying Jade.

③ '~하는 데 익숙하다'는 표현은 「be used to -ing」이다.

05 다음 짝지어진 두 문장의 의미가 같지 않은 것은?

① Ann remembered meeting him once.
→ Ann remembered that she had met him once.

② James wanted to buy some milk, so he went to the mart.
→ James went to the mart to buy some milk.

③ We didn't know where to go.
→ We didn't know where we should go.

④ Playing table tennis is a lot of fun.
→ To play table tennis is a lot of fun.

✔⑤ Lance stopped talking to his friend.
→ Lance stopped to talk to his friend.

「stop + -ing」 ~을 멈추다 / 「stop + to부정사」 ~을 하기 위해 멈추다
• once 한 번

06 다음 대화의 밑줄 친 부분 중 어법상 어색한 것은?

> A Don't forget to turning off the computer
>   ①   ✔②
> when you go out.
>   ③
> B Okay, Mom. I'll be back by seven.
>   ④   ⑤

「forget + to부정사」 (미래에) ~할 것을 잊다(turning off → turn off)

〈보기〉와 ④의 to부정사는 동사의 목적어로 쓰인 명사적 용법이다. ① 부사적 용법 (원인) ② 형용사적 용법 ③ 부사적 용법(결과) ⑤ 부사적 용법(목적)

07 다음 중 밑줄 친 부분의 쓰임이 〈보기〉와 같은 것은?

> 보기   Judy decided to lose some weight.

① I'm very happy to help you.

② Peter has no one to play with.

③ Sarah Chang grew up to be a violinist.

✔④ Taewhan wanted to see Yeona again.

⑤ Bill studied hard to get a good grade.

• grow up 자라다 • grade 성적

[8~9] 다음 중 밑줄 친 부분의 쓰임이 다른 것을 고르시오.

08
① I don't mind <u>driving</u> a car myself.
② <u>Riding</u> a bike makes me feel fresh.
③ Please stop <u>talking</u> while I'm explaining.
④ Don't be afraid of <u>speaking</u> in English.
✔⑤ He was <u>washing</u> the dishes when I came in.

① 동명사(동사의 목적어), ② 동명사(주어), ③ 동명사(동사의 목적어)
④ 동명사(전치사의 목적어), ⑤ 현재분사
• while ~하는 동안 • 「be afraid of -ing」 ~하는 것을 두려워하다

09
① Can you get me something <u>to eat</u>?
② Jane has no relatives <u>to depend on</u>.
③ There are many things <u>to enjoy</u> here.
✔④ Lisa went to New York <u>to visit</u> her friend.
⑤ Mr. Brown doesn't have enough money <u>to buy</u> the hat.

④는 목적을 나타내는 부사적 용법이고, 나머지는 모두 명사를 수식하는 형용사적
용법으로 쓰였다. / • relative 친척 • depend on 의지하다

10 다음 중 빈칸에 들어갈 수 없는 것은?

My brother and I _____ watching the movie on TV.

① disliked ② finished ✔③ agreed
④ loved ⑤ gave up

빈칸 다음에 동명사가 왔으므로 agree와 같이 to부정사만을 목적어로 취하는 동사
는 올 수 없다.

[11~12] 다음 빈칸에 들어갈 말이 바르게 짝지어진 것을 고르시오.

11
• Mark stopped his car _____ up his sister.
• Don't forget _____ up the laundry.

① picking – picking
② picking – to pick
③ to pick – picking
✔④ to pick – to pick
⑤ to be picking – to pick

「stop+to부정사」 ~하기 위해 (하던 일을) 멈추다 / 「forget+to부정사」 (미래에) ~할 것을 잊다
• pick up ~를 (차에) 태우다, 집어들다 • laundry 세탁물

12
• How many languages _____ in the Philippines?
• *Romeo and Juliet* _____ by Shakespeare.

① used – is written
✔② are used – was written
③ are used – wrote
④ are using – was written
⑤ have been using – written

languages는 사용되는 것이고, *Romeo and Juliet*은 쓰여진 것이므로 둘 다
수동태가 필요하다. languages는 복수명사이고, *Romeo and Juliet*은 책 이름
이므로 단수명사이다.

13 다음 빈칸에 공통으로 들어갈 말을 쓰시오.

• _Walking_ his dog is his favorite activity.
• Sarah enjoys _walking_ every morning.

두 문장에서 의미상 walk가 필요한데 첫 번째 문장에서는 walk가 주어의 역할을
해야 하므로 Walking과 To walk가 모두 가능하다. 두 번째 문장에서는 enjoy가
동명사를 목적어로 취하는 동사이므로 빈칸에는 walking이 들어가야 한다.

14 다음 ( ) 안의 단어들을 바르게 배열하여 대화를 완성하시오.

A Where have you been? Brian is looking for you.
B Brian? Why?
A I don't know. He seems to have _something important to tell you_.
(important / you / tell / something / to)

-thing으로 끝나는 단어가 형용사와 to부정사의 수식을 동시에 받을 때는
「-thing+형용사+to부정사」의 어순으로 나타낸다.

to부정사가 주어로 쓰였을 때 주어가 길어지는 것을 막기 위해 to부정사를 문장 끝
으로 보내고 빈 자리에 가주어 it을 써서 「It ~ to부정사」 문장을 만든다.
• brush one's teeth 이를 닦다

15 다음 문장을 it을 주어로 하여 다시 쓰시오.

To brush your teeth three times a day is very important.

→ _It is very important to brush your teeth three times a day._

16 다음 문장을 수동태로 바꿔 쓰시오.

> Lisa composed this opera.

→ _____ This opera was composed by Lisa. _____

수동태는 「be동사+p.p.+by+행위자」의 어순으로 쓴다.

해석 A: 뭐 하고 있니, Sena? B: 여행 안내책자를 읽고 있어. A: 여행할 생각을 하고 있는 거니? 언제? 어디로? B: 이번 여름에 유럽을 자전거로 여행할까 계획 중이야. A: 자전거로? 너무 힘들지 않을까? B: 힘들지 모르지만 그래도 시도해 볼 가치는 있어.

17 다음 대화의 ①~⑤ 중 어법상 <u>어색한</u> 문장은?

> A ① What are you doing, Sena?
> B ② I'm reading a travel guide.
> A ③ Do you intend to travel? When? Where?
> B ✔④ I'm planning travel by bike in Europe this summer.
> A By bike? ⑤ Don't you think it's too hard?
> B Maybe it is hard, but it's worth trying, though.

④ plan은 to부정사를 목적어로 취하는 동사이다. (travel → to travel)
• be worth -ing ~할 가치가 있다 • though 그래도

해석 작년에 우리 영어 선생님이 "영어로 일기 쓰는 것은 영어를 향상시키는 가장 좋은 방법이란다."라고 말씀하셨다. 나는 영어 실력을 정말로 향상시키고 싶었기 때문에 이 말을 듣고 선생님의 충고를 따르기로 결심했다. 그때부터 나는 영어로 일기를 쓰려고 노력했고 지금은 자기 전에 영어 일기를 쓰는 것을 즐기고 있다.
• improve 향상시키다 • advice 충고 • from then on 그때부터

18 다음 밑줄 친 ①~⑤ 중 어법상 <u>어색한</u> 것을 골라 바르게 고쳐 쓰시오.

> Last year, my English teacher said, "①Keeping a diary in English is the best way ②to improve English." After I heard this, I decided ③following her advice because I really wanted to improve my English. From then on, I tried ④to keep a diary in English, and now I enjoy ⑤ doing that before going to bed.

③ following _____ → _____ to follow _____

③ decide는 to부정사를 목적어로 취한다.

[19~20] 다음 빈칸에 들어갈 말이 바르게 짝지어진 것을 고르시오.

19

> _____ good books is very important for children. How can we, parents, lead our children to read good books? Here is the answer. You should be a good model yourself. Let them see that you read and think about the books you've read. They will learn by _____ the behavior of their parents.
> * behavior 행동

① Read – imitating
✔② Reading – imitating
③ Reading – imitate
④ To read – imitate
⑤ To read – being imitated

동사 is의 주어가 될 수 있는 동명사나 to부정사가 와야 한다. / 전치사 by 다음이므로 동명사가 와야 한다.
• lead 이끌다 • imitate 모방하다

해석 좋은 책을 읽는 것은 아이들에게 대단히 중요하다. 부모인 우리는 우리 아이들이 좋은 책을 읽게 어떻게 인도할 것인가? 여기 정답이 있다. 여러분 자신이 좋은 모델이 되어야 한다. 아이들로 하여금 여러분이 책을 읽고 읽은 책에 대해서 생각하는 것을 보게 해라. 그들은 부모의 행동을 모방함으로써 배우게 될 것이다.

hate의 목적어는 to부정사나 동명사 둘 다 가능하다.
decide의 목적어 자리에는 to부정사가 와야 한다.
• machine 기계 • device 장치 • translate 통역하다 • native 모국의

20

> A I hate _____ Chinese. It's too difficult for me.
> B But you know that Chinese is very important.
> A Right. So I've decided _____ a special machine.
> B What do you mean?
> A It is a tiny little device. If you put it in your ear, it will translate all kinds of languages into your native language.
> B Sounds great!

① studied – to invent
② studying – inventing
③ to study – inventing
✔④ studying – to invent
⑤ studying – invent

해석 A: 나는 중국어 공부하는 게 정말 싫어. 내게 너무 어려워. B: 하지만 중국어가 중요한 건 너도 알잖아. A: 맞아. 그래서 나는 특별한 기계를 발명하기로 결심했어. B: 무슨 말이야? A: 그것은 아주 작은 장치야. 귀에다 넣으면 모든 종류의 언어를 너의 모국어로 통역해 주는 거지. B: 멋진데!

WRITING  TIME

A 다음 ( ) 안에 주어진 말을 사용하여 우리말을 영작하시오.

1 규칙적으로 운동하는 것은 중요하다. (it, important, to exercise)

➡ _____ It is important to exercise regularly. _____

to부정사구가 주어로 쓰였을 때는 이를 문장 끝으로 보내고 빈 자리에 가주어 it을 쓸 수 있다.

2 시청으로 어떻게 가는지 말해 줄 수 있나요? (can, tell, how, to get)

➡ _____ Can you tell me how to get to City Hall? _____

「의문사+to부정사」는 tell이나 know 등의 목적어로 쓰일 수 있다.

3 나는 기분 전환을 위해 뭔가 흥미로운 것을 하고 싶다.

(feel like, exciting, for a change)

➡ _____ I feel like trying something exciting for a change. _____

feel like -ing ~하고 싶다

B 다음 우리말을 수동태를 이용하여 영작하시오.

1 그 도시는 언제나 스모그로 가득차 있다. ➡ _____ The city is always filled with smog. _____

2 이 소설은 Henry James가 쓰지 않았다. ➡ _____ This novel was not written by Henry James. _____

3 이 책은 먼지로 덮여 있다. ➡ _____ This book is covered with dust. _____

1. be filled with ~로 가득차다 2. 수동태의 부정은 「be동사+not+p.p.」로 나타낸다. 3. be covered with ~로 덮여 있다

「like+to부정사」 ~하는 것을 좋아하다 / 「be good at -ing」 ~을 잘하다 / 「주어+be동사+p.p.+by+행위자」로 수동태 문장을 만들 수 있다.
「want+to부정사」 ~하기를 원하다

C 다음 지시하는 내용에 따라 주어진 글을 완성하시오.

1 다음 ( ) 안의 단어를 사용하여 Paul의 장래 희망에 관한 글을 완성하시오.

Paul likes _____ to build _____ things for himself. (build) He is good at
_____ fixing _____ everything. (fix) Many things like model airplanes and toy
robots _____ are made _____ by Paul. (make) Paul wants _____ to become _____ a
scientist when he grows up. (become)

2 위의 완성된 글을 활용하여 Mary의 장래 희망에 관한 글을 완성하시오.

Mary likes _____ to read books _____ . She is good at _____ writing _____ .
_____ Many interesting stories are written _____ by Mary. She wants
_____ to become a novelist _____ when she grows up.

EXERCISE

A 다음 ( ) 안의 명사를 알맞은 복수형으로 쓰시오.

1 All the ___babies___ (baby) in the room are crying loudly.
방 안에 있는 모든 아기들이 큰소리로 울고 있다.

2 We need three ___radios___ (radio) for the performance.
우리는 그 공연을 위해 세 대의 라디오가 필요하다.

3 There are a lot of beautiful ___dishes___ (dish) on the kitchen shelf.
부엌 선반에 많은 아름다운 접시들이 있다.

4 Mr. Solleder has three ___children___ (child).
Solleder 씨는 세 명의 아이들이 있다.

A
1 y를 i로 고치고 -es를 붙인다.
2 -o로 끝나는 명사는 -es를 붙여 복수형을 만들지만 radio, piano 등은 -s만 붙인다.
3 -sh로 끝나면 -es를 붙인다.
4 child의 복수형은 children이다.

B 다음 빈칸에 가장 알맞은 말을 〈보기〉에서 골라 바른 형태로 쓰시오. (중복 불가)

> 보기   glass   cup   sheet   piece   slice   loaf   pound

1 Mom bought three ___loaves___ of bread at the store. 엄마는 그 상점에서 세 덩어리의 빵을 샀다.

2 I'd like to have a ___slice___ of pizza for lunch. 나는 점심으로 피자 한 조각을 먹고 싶다.

3 We need a ___pound___ of sugar to make chocolate cake. 초콜릿 케이크를 만드는 데 1파운드의 설탕이 필요하다.

4 My teacher always brings two ___pieces___ of chalk to class, one white and the other red. 우리 선생님은 언제나 수업 시간에 두 자루의 분필을 가져오시는데, 하나는 흰색이고 하나는 빨간색이다.

B
1 a loaf of bread 빵 한 덩어리
2 a slice of pizza 피자 한 조각
3 a pound of sugar 설탕 1파운드
4 a piece of chalk 분필 한 자루

C 다음 대화의 빈칸에 알맞은 말을 〈보기〉에서 골라 바른 형태로 쓰시오.

> 보기   leaf   sheep   cow   child   scissor

1 A Mom, ___scissors___ are not very sharp.

   B OK, I'll buy a pair of ___scissors___ on my way back.
   A: 엄마, 가위가 그다지 날이 서지 않았어요. B: 그래, 내가 오는 길에 하나 사올게.

2 A It's becoming cooler and cooler.

   B It's autumn. The ___leaves___ are falling from the trees.
   A: 날씨가 점점 서늘해진다. B: 가을이야. 나뭇잎들이 나무에서 떨어지고 있어.

3 A My grandfather raises ___cows___ and ___sheep___ on his farm.

   B He probably takes care of them like his ___children___.
   A: 우리 할아버지는 농장에서 소와 양을 키우셔. B: 그는 아마도 소와 양들을 자식처럼 돌보시겠구나.

C
1 scissors는 항상 복수형으로 쓰이는 명사이다.
2 leaf의 복수형은 f를 v로 고치고 -es를 붙인다.
3 cow의 복수형은 -s만 붙여 cows, sheep은 단수·복수형이 같다. child의 복수형은 children이다.

D 다음 우리말과 같은 뜻이 되도록 빈칸에 알맞은 말을 쓰시오.

1 신사 숙녀 여러분, George를 환영해 주십시오.
   → ___Ladies___ and ___gentlemen___, please welcome George.

2 우리는 아침 식사에 먹을 빵 두 덩어리가 필요하다.
   → We need two ___loaves___ of ___bread___ for breakfast.

3 나의 시누이들은 모두 훌륭한 여성들이다.
   → All my ___sisters-in-law___ are wonderful ___women___.

4 나는 너무 목이 말라서, 물을 세 잔이나 마셨다.
   → I was so thirsty that I drank three ___glasses___ of ___water___.

D
1 lady와 gentleman의 복수형은 각각 ladies, gentlemen이다. 문화적 차이로 인해 우리말과는 순서가 다름(ladies and gentlemen)에 유의한다.
2 '빵 한 덩어리'는 a loaf of bread이지만 bread는 물질명사이므로 세는 단위만 복수형으로 써서 two loaves of bread로 쓴다.
3 '시누이'는 sister-in-law로 명사가 포함된 복합명사이므로 명사 부분을 복수형으로 만든다. woman의 복수형은 women이다.
4 a glass of water의 복수형은 세는 단위만을 복수형으로 하여, three glasses of water가 된다.

A 다음 ( ) 안에서 알맞은 말을 고르시오.

1 I don't like this one. Show me (another ✓, the other).
이것은 맘에 들지 않아요. 다른 것을 보여 주세요.

2 Some people like sports, but (other, others ✓) don't.
어떤 사람들은 스포츠를 좋아한다. 그러나 다른 사람들은 좋아하지 않는다.

3 Can you lend me your watch? – Sorry, I don't have (one ✓, it).
네 손목시계 좀 빌려줄래? – 미안하지만, 나는 가지고 있지 않아.

4 One of my two sisters is a teacher, and (another, the other ✓) is a student.
내 두 여동생 중 한 명은 선생님이고 다른 한 명은 학생이다.

5 The grapes look delicious. I want to eat some of (them ✓, ones).
포도가 맛있어 보여. 그것들 좀 먹어 보고 싶어.

A

1 정해진 것 말고 다른 것은 an[other]
이다.
2 불특정 다수 중 일부는 som[e], [다]른 일부는 others이다.
3 질문에 your watch라고 [되어]있으므로 정해진 것을 나타[내는 it]으로 표현한다.
4 둘 중 하나는 one, 다른 [하나는] the other이다.
5 one의 복수형은 ones이고 [it의] 복수형은 them이다. 이미 [앞에서] 지칭한 그 포도들이므로 th[em을] 써야 한다.

B 다음 밑줄 친 부분이 어법상 맞으면 ○표, 어색하면 ×표 하시오.

여기 꽃이 네 송이 있어. 그것들의 이름을 말해 줄래?

1 A Here are four flowers. Could you tell me the names of them?

   B Yes, one is a rose, another is a lily, and the others are tulips. (○)
   그래. 하나는 장미, 두 번째는 백합, 나머지들은 튤립이야.

2 A Do you have a pen? 펜 좀 가진 것 있나요?

   B Yes, I have it. (×) 네, 있어요.

3 A Give me some oranges. 오렌지 좀 줘.

   B I have nothing now. I had two oranges, but I gave one to Betty and the other
   to Allen. (○) 지금은 아무것도 없어. 두 개가 있었는데, 한 개는 Betty를 줬고, 다른 한 개는 Allen을 줬어.

B

1 수가 정해진 것을 하나씩 [셀 때,] 나는 one, 다른 하나는 and[other,] 마지막 하나는 the third, [나머지] 것 중 나머지들은 the other[s이다.]
2 a pen은 불특정한 대상이[므로 답]에 it이 아니라 one으로 [써야] 한다.
3 두 개 중 하나는 one, 다른 [하나는] the other이다.

C 다음 문장의 빈칸에 알맞은 부정대명사를 쓰시오.

1 I'm looking for a skirt. How much is the black ___one___?
치마를 좀 사려고요. 저 검은색 치마는 얼마인가요?

2 This is too tight for me. Let me see ___another___.
이것은 나한테 좀 딱 맞아요. 다른 것을 보여 주세요.

3 Some of my classmates love comic books, and ___others___ don't.
우리 반 급우들 중 몇몇은 만화를 좋아하고, 다른 아이들은 그렇지 않다.

4 In our everyday lives, we should think of ___others___ first.
매일의 삶 속에서 우리는 타인을 먼저 생각해야 한다.

5 I have two aunts. One is a doctor, and ___the other___ is a lawyer.
나에게는 고모가 둘 있다. 한 사람은 의사이고, 다른 사람은 변호사이다.

6 I have three cats. One is white, ___another___ is black, and ___the third___ is gray.
나에게는 고양이가 세 마리 있다. 한 마리는 하얗고, 다른 하나는 검고, 나머지 하나는 회색이다.

C

1 정해져 있지 않고 막연한 것을 [나타]내며, 형용사의 수식을 받을 [수 있]는 부정대명사는 one이다.
2 불특정한 것들 중 다른 [하나는] another이다.
3 몇 명인지 알 수 없는 급우[들의] 일부는 some, 그 나머지[들은] others이다.
4 막연한 타인이나 다른 사람[들은] others이다.
5 둘 중의 하나는 one, 다른 [하나는] the other이다.
6 셋 중의 하나는 one, 또 [하나는] another, 나머지 하나는 [the] third이다.

D 다음 우리말과 같은 뜻이 되도록 빈칸에 알맞은 말을 쓰시오.

1 복숭아들이 맛있어 보이네요. 이것들은 얼마인가요?

→ The peaches look delicious. How much are ___these___ ___ones___?

2 그들 중 다섯 명만이 살았고, 나머지는 죽었다.

→ Only five of them are alive, and ___the___ ___others___ are dead.

3 나는 딸이 세 명 있다. 한 명은 음악가이고, 다른 한 명은 화가이며, 나머지 한 명은 배우이다.

→ I have three daughters. ___One___ is a musician, ___another___ is a painter,
and ___the___ ___third___ is an actress.

D

1 복숭아가 여러 개이므로 this[의 복]수형인 these를 쓴 다음, [복수] 지시형용사의 수식을 받을 수 [있는] 부정대명사 ones를 쓴다.
2 정해진 수 중의 일부를 제외[한] 나머지는 the others이다.
3 셋 중의 하나는 one, 또 [하나는] another, 나머지는 the third[이다.]

EXERCISE

A 다음 문장의 빈칸에 알맞은 재귀대명사를 쓰시오.

1 Steve, do you believe in ___yourself___? Steve, 너 자신을 믿니?

2 I looked at ___myself___ in the mirror. 나는 거울 속의 내 모습을 보았다.

3 We didn't hurt ___ourselves___ in any way. 우리는 어쨌든 다치지 않았다.

4 The Eskimos wore fur coats to protect ___themselves___. 에스키모인들은 자신들을 보호하기 위해 털외투를 입었다.

5 We learned that history always repeats ___itself___. 우리는 역사는 언제나 되풀이된다고 배웠다.

6 The man hid ___himself___ when people came in. 그 남자는 사람들이 들어갔을 때 몸을 숨겼다.

A
주어에 따라 알맞은 재귀대명사를 쓴다.
1 yourself 너 자신
2 myself 나 자신
3 ourselves 우리들 자신
4 themselves 그들 자신
5 itself 그것 자신
6 himself 그 자신

B 다음 밑줄 친 부분이 어법상 맞으면 O표, 어색하면 X표 하시오.

1 A What a beautiful painting it is! Who painted it? 정말 아름다운 그림이구나! 누가 그렸지?

　 B I did it <u>myself</u>. Thank you for the compliment. (O) 제가 직접 그렸어요. 칭찬 감사합니다.

2 A Please help <u>you</u> to this spaghetti. (X) 이 스파게티 좀 드세요.

　 B Thank you, but I'm already full. 고맙습니다만, 이미 배가 부른걸요.

3 A It's so hot. Why did you close the door? 너무 더워. 왜 문을 닫았지?

　 B I didn't. It closed <u>of itself</u>. (O) 내가 안 닫았어. 문이 저절로 닫혔어.

B
1 주어를 강조하는 재귀재명사의 강조 용법이다.
2 help yourself가 되어야 '마음껏 먹다' 라는 의미이다.
3 of itself는 '저절로' 라는 뜻이므로 문맥상 적절하다.

C 다음 두 문장이 같은 뜻이 되도록 빈칸에 알맞은 말을 쓰시오.

1 Don't go out alone late at night. 밤 늦게 혼자 나가지 마라.

　 → Don't go out ___by___ ___yourself___ late at night.

2 William had a good time at the party. William은 파티에서 즐거운 시간을 보냈다.

　 → William ___enjoyed___ ___himself___ at the party.

3 We finished the report without others' help. 우리는 다른 사람들의 도움 없이 그 보고서를 끝냈다.

　 → We finished the report ___for___ ___ourselves___.

C
1 alone = by oneself(홀로)
2 have a good time
　= enjoy oneself
　(즐거운 시간을 보내다)
3 without others' help
　= for oneself(혼자 힘으로)

D 다음 우리말과 같은 뜻이 되도록 빈칸에 알맞은 말을 쓰시오.

1 우리끼리 하는 말인데, Susan은 이기적이야.

　 → ___Between___ ___ourselves___, Susan is selfish.

2 소크라테스는 "너 자신을 알라."라고 말했다.

　 → Socrates said "___Know___ ___yourself___."

3 그녀는 가끔 혼잣말을 하나요?

　 → Does she sometimes talk ___to___ ___herself___?

4 제 소개를 하겠습니다.

　 → Let ___me___ ___introduce___ ___myself___ to you.

D
1 between ourselves 우리끼리 하는 말인데
2 know oneself 스스로를 알다
3 talk to oneself 혼잣말하다
4 introduce oneself 자기 소개를 하다

01 다음 문장의 빈칸에 공통으로 알맞은 것은?

> 나는 점심으로 피자 한 조각과 약간의 오렌지 주스를 마셨다.
> • I had a _____ of pizza and some orange juice for lunch.
> • He handed me a _____ of chalk to write with. 그가 내게 쓸 수 있는 분필 한 자루를 건넸다.

① cup ② glass ✔③ piece
④ slice ⑤ loaf

pizza나 chalk와 같이 셀 수 없는 명사들은 알맞은 세는 단위를 이용하여 수량 표시를 한다. / • a piece[slice] of pizza 피자 한 조각 • a piece of chalk 분필 한 자루

02 다음 문장의 밑줄 친 단어 대신 쓸 수 있는 것은?

> 나는 혼자 태국으로 휴가를 갔다.
> I went on vacation to Thailand alone.

① by oneself ✔② by myself
③ of myself ④ for oneself
⑤ to myself

alone은 '홀로'라는 뜻으로 by oneself로 바꾸어 쓸 수 있으며, 주어인 I의 재귀대명사는 myself이다.

03 다음 대화의 ( ) 안에서 알맞은 단어를 고르시오.

> A I want to buy a house. 집을 한 채 사고 싶어요.
> B What are you looking for? 어떤 집을 찾으세요?
> A I'd like to buy (it, one✔, ones) with a swimming pool. 수영장이 딸린 집을 사고 싶어요.

지정되지 않은 명사인 a house를 대신할 수 있는 부정대명사 one이 알맞다.

[4~5] 빈칸에 들어갈 말이 바르게 짝지어진 것을 고르시오.

04

> • A How about this one? 이건 어때요?
>   B It's not bad, but I don't like the color. Let me see _____. 나쁘진 않네요. 하지만 색깔이 맘에 안 들어요. 다른 것을 보여주세요.
> • If you want to use my pen, I'll lend _____ to you. 내 펜을 쓰고 싶다면 그걸 네게 빌려줄게.

① other – one ② others – ones
③ the other – it ✔④ another – it
⑤ another – others

보여준 것 말고 '다른 하나'라는 뜻의 단어가 와야 하므로, 의미상 「an+other」가 합쳐진 형태의 단어 another가 가장 어울린다. / 한 번 언급되었던 my pen을 다시 언급하고 있으므로 it을 쓴다. / • lend 빌려주다

05

해석 나는 집에 두 마리의 애완동물이 있다. 하나는 거북이고, 다른 하나는 이구아나이다.

> I have two pets at home. _____ is a turtle, and _____ is an iguana.

① One – other ✔② One – the other
③ Some – others ④ Some – the other
⑤ Another – the other

둘 중의 하나는 one으로, 나머지 하나는 the other로 나타낸다.

06 다음 문장의 밑줄 친 부분 중 생략할 수 있는 것은?

✔① Sorry, I'm a stranger myself here. 미안하지만, 저는 여기 초행길입니다.
② I couldn't make myself at home. 나는 편히 지낼 수 없었다.
③ Please help yourself to the noodles. 국수 좀 드세요.
④ She cut herself with a sharp knife. 그녀는 날카로운 칼에 베였다.
⑤ Did you paint the fence by yourself? 울타리를 혼자 칠했니?

동사나 전치사의 목적어로 쓰인 재귀용법인 경우는 생략할 수 없고 주어, 목적어, 보어 등을 강조하기 위해 쓰인 강조용법의 재귀대명사는 생략 가능하다.

07 다음 우리말과 같은 뜻이 되도록 빈칸을 채우시오.

> 나는 영어 마을에서 세 분의 선생님을 만났다. 한 사람은 미국인이고, 다른 사람은 영국인, 세 번째 사람은 캐나다인이었다.
> → I met three teachers at the English village. ___One___ was American, ___another___ was from the U.K., and ___the third___ was from Canada.

one ~ another... the third ~ 셋 중 하나는 ~이고 또 다른 하나는 …이고, 나머지 하나는 ~이다

08 다음 문장의 밑줄 친 부분이 어법상 어색한 것은?

① Her teeth look clean and white.
② A lot of fish live in this river.
✔③ There are a few tomatos in the refrigerator.
④ All of us have six classes a day.
⑤ Look at the monkeys with funny faces.

③ a few 다음에는 복수형의 명사가 오며, 「자음+o」로 끝나는 단어는 -es를 붙여 복수형을 만든다. (→ tomatoes) / • refrigerator 냉장고

09 다음 두 문장이 같은 뜻이 되도록 빈칸을 채우시오.

> All the people had a good time at the festival.
> → All the people ___enjoyed___ ___themselves___ at the festival.

• have a good time = enjoy oneself 즐거운 시간을 보내다 • festival 축제
해석 모든 사람들이 축제를 즐겼다.

해석 수줍어하는 사람들은 다른 사람들과 함께 있는 것을 즐기지 않는다. 그들은 다른 사람들이 그들에게 주의를 기울이는 어떠한 상황에서든 매우 불편함을 느낀다. 그들은 종종 다른 사람들이 그들에 대해 어떻게 생각하는지에 대해 너무 걱정한다. 그들은 또한 다른 사람들 앞에서 말하는 것을 두려워한다.

---

10 다음 중 빈칸에 들어갈 말로 한번도 사용되지 <u>않은</u> 것은?

> • I have lost my keyholder. I must buy a new _____.
> • One of the twins lives in Canada and _____ is in England.
> • I have three dogs. One is black and _____ are white.
> • Do you have my notebook? I need _____ now.

① it   ✔② another   ③ one

④ the others   ⑤ the other

① keyholder를 지칭하되 아직 무엇인지 알 수 없는 불특정한 것이므로 one으로 받는다. / twins(쌍둥이) 중에서 하나는 one이므로 다른 한 명은 the other이다. three dogs 중에서 하나는 one, 나머지 두 마리는 the others이다. / my notebook이라는 특정 명사를 지칭하므로 it이 필요하다.

해석 나는 내 열쇠주머니를 잃어버렸다. 새 것을 사야만 한다. / 쌍둥이 중 한 명은 캐나다에 살고, 다른 한 명은 영국에 있다. / 나에게는 개가 세 마리 있다. 한 마리는 검은색이고, 나머지들은 흰색이다. / 내 공책을 가지고 있니? 지금 그게 필요해.

[11~12] 다음 글을 읽고, 물음에 답하시오.

> All snowflakes are different in their size or shape. But all of them have six sides. Some snowflakes melt when they hit the ground. _____ⓐ melt as they fall. When air is cold and dry, the falling snowflakes are small and hard. If the air is wet and warmer, the snowflakes are _____ⓑ.

11 위 글의 빈칸 ⓐ에 가장 알맞은 것은?

① Other   ② Another

✔③ Others   ④ The other

⑤ The others

막연한 많은 수 중 일부는 some, 다른 일부는 others이다.
• snowflake 눈송이 • side 면 • melt 녹다

해석 모든 눈송이들은 크기와 모양이 다르다. 하지만 그 모두는 육각형이다. 어떤 눈송이들은 땅에 부딪칠 때 녹는다. 또 다른 어떤 눈송이들은 떨어질 때 녹는다. 공기가 차갑고 건조하면, 내리는 눈송이들은 작고 딱딱하다. 만약 공기가 촉촉하고 따뜻하다면, 눈송이들은 크고 부드러울 것이다.

12 위 글의 내용상 빈칸 ⓑ에 가장 알맞은 것은?

① wet and soft   ✔② big and soft

③ big and dark   ④ dry and long

⑤ soft and dark

앞 문장의 내용에서 공기가 차갑고 건조하면 내리는 눈송이들이 작고 딱딱하다고 했으므로, 공기가 따뜻하고 촉촉한 반대 상황에서는 '크고 부드럽다' 는 것을 유추할 수 있다.

---

13 다음 글의 빈칸에 공통으로 알맞은 것은?

> Shy people don't enjoy being with _____. They feel very uncomfortable in any situation where _____ pay attention to them. They are often too worried about what _____ think of them. They are also afraid of speaking in front of _____.

① one   ② other   ③ another

✔④ others   ⑤ the others

자신을 제외한 막연한 '타인' 이라는 말은 other people이나 others로 표현할 수 있다. / • shy 수줍어하는 • uncomfortable 불편한 • situation 상황 • pay attention to 주의를 기울이다 • worry about ~을 걱정하다 • be afraid of ~을 두려워하다 • in front of ~ 앞에

[14~15] 다음 글을 읽고, 물음에 답하시오.

> Pumpkins are found in many parts of the world. The first _____ⓐ probably grew in Peru, South America. These plants need a lot of space for growing. That's why they are usually planted in large fields in late spring. Groups of two or three seeds are placed about six feet apart. _____ⓑ plant that comes up will grow two or three pumpkins. When ripe, they weigh from 1 to 200 pounds.

14 빈칸 ⓐ, ⓑ에 알맞은 단어가 바르게 짝지어진 것은?

① they – Each   ② they – All

✔③ ones – Each   ④ ones – Some

⑤ ones – All

첫번째 빈칸에는 막연한 pumpkins를 받는 대명사인 ones가 와야 하며, 두 번째 빈칸에는 동사 comes의 형태로 보아 단수 취급할 수 있는 each가 알맞다.
• probably 아마도 • space 공간 • field 들, 벌판 • seed 씨앗 • apart ~떨어져 • come up 싹트다 • ripe 익다

세 번째 문장 These plants ~.에서 ③의 내용만이 사실임을 알 수 있다.

15 위 글의 pumpkins에 관한 내용과 일치하는 것은?

① 늦은 봄에 수확한다.

② 남미 지역에서만 자란다.

✔③ 넓은 공간에서 잘 자란다.

④ 호박의 무게는 300 파운드가 넘는다.

⑤ 세계 여러 나라에서 주식으로 이용된다.

해석 호박은 세계 여러 지역에서 발견된다. 최초의 호박은 아마 남미의 페루에서 자랐다. 이 식물은 성장에 넓은 장소가 필요하다. 보통 늦봄에 넓은 들에서 호박이 심어지는 이유가 그것이다. 두 세 개의 씨앗 묶음이 약 6피트 거리를 두어 놓아진다. 올라오는 각각의 식물은 두 세 개의 호박으로 자랄 것이다. 익으면, 1~200 파운드까지 무게가 나간다.

 다음 (   ) 안에서 알맞은 말을 고르시오.

1 I was so hungry, so I ate a (glass, loaf ✓) of bread.
· a loaf of bread 빵 한 덩어리

2 My mother always drinks a (loaf, glass ✓) of juice every day.
· a glass of juice 주스 한 잔

3 Will you bring me a (slice, sheet ✓) of paper now?
· a sheet of paper 종이 한 장

4 If you'd like to use my cell phone, I can lend (one, it ✓) to you.
정해지고 특정한 「the+명사」 또는 「소유격+명사」를 나타낼 때에는 it을 쓴다.

 다음 문장의 빈칸에 알맞은 재귀대명사를 쓰시오.

1 I looked at ___myself___ in the water.
주어가 I이므로 재귀대명사는 myself

2 James came back home by ___himself___.
주어가 James이므로 재귀대명사는 himself

3 The boys look at ___themselves___ in the mirror.
주어가 The boys이므로 재귀대명사는 themselves

4 The girl enjoyed ___herself___ at her birthday party.
주어가 The girl이므로 재귀대명사는 herself

5 Everybody says that history repeats ___itself___.
주어가 무생물인 history이므로 재귀대명사는 itself

6 Please come in and help ___yourself___ to this food.
상대방에게 음식을 권하는 표현으로 재귀대명사는 yourself / · help oneself (to) ~을 마음껏 먹다

 다음 두 문장이 같은 뜻이 되도록 재귀대명사를 이용하여 빈칸에 알맞은 말을 쓰시오.

1 She had a good time on the blind date.
→ She ___enjoyed___ ___herself___ on the blind date.
enjoy oneself는 '즐거운 시간을 보내다' 라는 의미로 have a good time과 바꿔 쓸 수 있다.

2 Sometimes I enjoy going to the movies alone.
→ Sometimes I enjoy going to the movies ___by___ ___myself___.
by oneself는 '홀로, 혼자서' 라는 의미로 alone과 바꿔 쓸 수 있다.

3 I think a grown-up should learn to live without others' help.
→ I think a grown-up should learn to live ___for___ ___himself[herself]___.
for oneself는 '스스로, 혼자 힘으로' 라는 의미로 without others' help로 바꿔 쓸 수 있다.

D 다음 문장의 빈칸에 알맞은 부정대명사를 쓰시오.

1 Some people like his plan, but _____others_____ hate it.
불특정 다수 중 일부는 some, 나머지 모두는 others로 표현한다.

2 If you need a fountain pen, I can lend you _____one_____.
정해지지 않은 「a+명사」는 부정대명사 one으로 나타낸다.

3 Only five of them came to visit, but _____the_____ _____others_____ didn't.
정해진 수 중 일부를 제외한 나머지 모두를 나타낼 때에는 the others로 나타낸다.

E 다음 우리말과 같은 뜻이 되도록 빈칸에 알맞은 것을 고르시오.

1 나에게 빵 두 덩어리를 주시오.

→ Give me _____, please.

① two loaf of breads　　② two loaves of breads　　✔③ two loaves of bread
a loaf of bread와 같이 「단위명사+물질명사」로 이루어진 경우에는 세는 단위를 복수형으로 만든다.

2 이 모든 음식들을 맛있게 드세요.

→ _____ to all these food.

✔① Help yourself　　② Enjoy yourself　　③ Eat yourself
음식을 권하며 맛있게 많이 들라고 권하는 표현은 help yourself (to)이다.

3 나는 아들이 세 명 있다. 그들은 각각 교사, 의사, 군인이다.

→ I have three sons. One is a teacher, _____ is a doctor, and _____ is a soldier.

① other – the third　　✔② another – the third　　③ another – the other
셋을 말할 때에는 순서대로, one, another, the third로 표현한다.

F 다음 우리말과 같은 뜻이 되도록 빈칸에 알맞은 말을 쓰시오.

1 나는 필기할 분필 한 자루가 필요하다.

→ I need _____a_____ _____piece_____ _____of_____ _____chalk_____ to write with.
chalk는 셀 수 없는 명사이므로 a piece of와 같은 세는 단위가 필요하다.

2 그 쌍둥이 중 한 명은 키가 크고, 다른 한 명은 작다.

→ _____One_____ of the twins is tall, and _____the_____ _____other_____ is short.
쌍둥이 두 명 중 하나는 one, 나머지 하나는 the other로 표현한다.

3 어제 나는 요리를 하다가 칼로 베었다.

→ Yesterday while I was cooking, I _____cut_____ _____myself_____.
cut 다음에 목적어로 주어에 알맞은 재귀대명사를 써야 한다.

4 어떤 사람들은 고전 음악을 좋아하지만, 좋아하지 않는 사람들도 있다.

→ _____Some_____ people like classical music, but _____others_____ _____don't_____.
막연하게 많은 사람들 중 일부는 some으로, 나머지 모두는 others로 표현한다.

EXERCISE

A 다음 문장의 빈칸에 알맞은 관계대명사를 쓰시오.

1 Ms. Yun is the woman ___who[that]___ teaches us art.
윤 선생님은 우리에게 미술을 가르치시는 여자분이다.

2 I have a friend ___whose___ father is a famous actor.
나는 그의 아버지가 유명한 배우인 친구가 한 명 있다.

3 She is the person ___who(m)[that]___ I talked about the other day.
그녀는 언젠가 내가 이야기했던 그 사람이다.

4 Boys like a girl ___whose___ hair is straight and very long.
소년들은 긴 생머리의 소녀를 좋아한다.

5 Jane is the one ___who(m)[that]___ I play badminton with every day.
Jane은 내가 매일 함께 배드민턴을 치는 사람이다.

B 다음 대화의 ( ) 안에서 알맞은 말을 고르시오.

1 A Who is that guy?
B He is the boy who (come, comes✓) to see me.
A: 저 아이는 누구니? B: 그는 나를 보러 온 소년이야.

2 A What does your father like?
B He likes a horse (who, whose✓, whom) name is Mustang.
A: 너의 아버지는 무엇을 좋아하시니? B: 그는 무스탕이라는 이름을 가진 말을 좋아하셔.

3 A Have you heard that Tony's car was stolen?
B Really? The man (who✓, whose, whom) looked at his car yesterday must have been the thief.
A: Tony의 차를 도둑맞았다는 거 들었니? B: 정말? 어제 그의 차를 봤던 사람이 도둑이었음에 틀림없어.

C 다음 두 문장을 관계대명사를 이용하여 한 문장으로 쓰시오.

1 Julie is the girl. She speaks English best in my class.
→ _Julie is the girl who[that] speaks English best in my class._
Julie는 우리 반에서 영어를 가장 잘하는 소녀이다.

2 I like the boy. His voice is so kind and sweet.
→ _I like the boy whose voice is so kind and sweet._
나는 목소리가 상냥하고 부드러운 그 소년을 좋아한다.

3 She is the woman. I've met her at the library.
→ _She is the woman who(m)[that] I've met at the library._
그녀는 내가 도서관에서 만났던 그 여자다.

4 Michael is talking to the man. I'm really interested in him.
→ _Michael is talking to the man who(m)[that] I'm really interested in._
Michael은 내가 정말 관심을 가지고 있는 그 사람과 이야기를 나누고 있다.

D 다음 우리말과 같은 뜻이 되도록 빈칸에 알맞은 말을 쓰시오.

1 너는 내가 가장 사랑하는 여인이다.
→ You are the woman ___who(m)[that]___ ___I___ ___love___ best.

2 나는 눈이 연한 녹색인 친구가 한 명 있다.
→ I have a friend ___whose___ ___eyes___ ___are___ light green.

3 Johnny는 많은 히트곡을 가진 가수이다.
→ Johnny is the singer ___who[that]___ ___has___ a lot of hit songs.

EXERCISE

A 다음 문장의 빈칸에 알맞은 관계대명사를 쓰시오.

1 This is the sweater ___which[that]___ I bought yesterday.
이것은 내가 어제 산 스웨터이다.

2 Show me the watch ___which[that]___ was made in Japan.
일본에서 만들어진 손목시계를 내게 보여줘.

3 She lives in a house ___whose___ roof and fence are white.
그녀는 지붕과 울타리가 하얀 집에 산다.

4 The car ___which[that]___ James is driving now is his father's.
James가 지금 운전하고 있는 그 차는 그의 아버지 것이다.

5 Korea is a country ___whose___ history is very long.
한국은 역사가 아주 긴 나라이다.

A

1, 4 사물이 선행사이고 뒤에 「주어 + 동사」가 이어지므로 목적격 관계대명사 which나 that이 필요하다.

2 사물이 선행사이고 뒤에 바로 동사가 이어지므로 주격 관계대명사 which나 that이 필요하다.

3 a house와 roof and fence의 관계가 소유의 관계이므로 사물을 선행사로 하는 소유격 관계대명사 whose가 필요하다.

5 a country와 history의 관계가 소유의 관계이므로 소유격 관계대명사 whose가 필요하다.

B 다음 대화의 (   ) 안에서 알맞은 말을 고르시오.

1 A What did Sarah give to you? Sarah가 너에게 뭘 줬니?

B She gave me the pencils (which✓, of which) are made in USA. 그녀는 미국에서 만든 연필들을 내게 줬어.

2 A Look at the house (which, whose✓) roof is worn. 지붕이 낡은 그 집을 좀 봐.

B What a terrible house it is! 정말 보기 흉한 집이구나!

3 A What is this? 이게 뭐니?

B It is the camera (that✓, of which) my father likes most. 우리 아버지께서 가장 좋아하시는 사진기야.

B

1 be동사 are 앞이므로 주격 관계대명사 자리이고 선행사가 사물이므로 which여야 한다.

2 '그 집의 지붕'이라는 의미이므로 소유격 관계대명사 whose가 필요하다.

3 괄호 뒤 문장에 주어와 동사만 있고 likes의 목적어가 없으므로 목적격 관계대명사 that이 필요하다.

C 다음 두 문장을 관계대명사를 이용하여 한 문장으로 쓰시오.

1 Can you see the bird? It is singing in the trees.
→ Can you see the bird which[that] is singing in the trees?
나무 위에서 노래하고 있는 새가 보이니?

2 Look at the building. Its gate is black and white.
→ Look at the building whose gate is black and white.
문이 검은색과 흰색인 그 건물을 좀 봐.

3 That is the bridge. It is the longest in the world.
→ That is the bridge which[that] is the longest in the world.
저것은 이 세상에서 가장 긴 다리이다.

4 Canada is a country. Its population is very thin.
→ Canada is a country whose population is very thin.
캐나다는 인구가 매우 희박한 나라이다.

C

1 첫 문장의 the bird에 해당하는 단어가 뒷 문장의 It이므로, 선행사가 사물인 주격 관계대명사 which나 that을 써서 연결한다.

2 첫 문장의 the building에 해당하는 단어가 뒷 문장의 Its이므로, 소유격 관계대명사인 whose를 써서 연결한다. whose gate를 of which the gate나 the gate of which로 표현할 수도 있으나, 구어체에서는 잘 쓰이지 않는다.

3 첫 문장의 the bridge에 해당하는 단어가 뒷 문장의 It이므로, 주격 관계대명사 which나 that을 써서 연결한다.

4 첫 문장의 a country에 해당하는 단어가 뒷문장의 Its이므로, 소유격 관계대명사 whose를 써서 연결한다. / thin 사람 수가 적은

D 다음 우리말과 같은 뜻이 되도록 빈칸에 알맞은 말을 쓰시오.

1 너는 내가 찍은 사진들을 봤니?
→ Did you see the pictures ___that[which]___ ___I___ ___took___?

2 그가 나에게 보낸 편지는 감동적이었다.
→ The letter ___which[that]___ ___he___ ___sent___ me was touching.

3 나는 결말이 행복한 영화를 좋아한다.
→ I like the movies ___whose___ ___endings___ ___are___ happy.

D

1 내가 사진을 찍었으므로, 의미상 목적격 관계대명사인 which나 that 다음에 「주어+동사」인 I took가 이어진다.

2 그가 편지를 보냈으므로, 의미상 목적격 관계대명사인 which나 that 다음에 「주어+동사」인 he sent가 이어진다.

3 the movies와 endings는 소유의 관계에 있으므로 소유격 관계대명사 whose를 사용한다. 마지막 빈칸에는 endings의 수에 어울리는 be동사인 are가 온다.

EXERCISE

A 다음 ( ) 안에서 알맞은 말을 고르시오.

1 Please give me (that, what ✓) you have in your pocket.
네가 주머니 속에 가지고 있는 것을 내게 좀 줘.

2 She is the only student (who, that ✓) is well-mannered.
그녀는 예의바른 유일한 학생이다.

3 This is the very book (which, that ✓) I've been looking for.
이것이 내가 찾고 있었던 바로 그 책이다.

4 (What ✓, That) he just said to us is not true at all.
그가 방금 우리에게 말한 것은 전혀 진실이 아니다.

5 Peary was the first man (who, that ✓) reached the North Pole.
Peary는 북극에 도달한 최초의 사람이었다.

A
1 선행사가 없으므로 선행사를
  는 관계대명사 what이 필요하
2 선행사에 the only가 포함되
  으므로 관계대명사 that만
  있다.
3 선행사에 the very가 포함되
  으므로 관계대명사 that만
  있다.
4 선행사가 없으므로 선행사를
  는 관계대명사 what이 필요하
5 선행사에 the first라는 서수
  함되어 있으므로 관계대명사
  만 올 수 있다.

B 다음 밑줄 친 부분이 관계대명사인지 의문사인지 구분하시오.

1 A Tell me who wrote this letter to me. 의문사

  B I don't have any idea.
A: 이 편지를 내게 누가 썼는지 말해 줘. B: 모르겠는데.

2 A Do you know the girl whose hair is blonde? 관계대명사

  B She's Allison, my younger sister.
A: 금발머리인 저 소녀를 아니? B: 그녀는 내 여동생 Allison이야.

3 A I didn't write down what the professor said. 관계대명사

  B OK, I'll repeat it again. Write it down.
A: 나는 교수님이 말씀하신 걸 못 받아 썼어. B: 좋아, 내가 다시 반복해 줄게. 받아 써.

B
1 who 앞에 선행사가 없고
  썼는지를 묻고 있으므로 의문
2 선행사가 the girl이고 명사
  소유 관계이므로 소유격 관계
  이다.
3 '교수님이 말씀하신 것'이라는
  의 관계대명사절을 이끌고 있

C 다음 중 생략할 수 있는 부분을 생략하여 문장을 다시 쓰시오.

1 I got a love letter which was written in English.
→ _____ I got a love letter written in English. _____
나는 영어로 쓰여진 러브 레터를 한 통 받았다.

2 They have a daughter whom they are proud of.
→ _____ They have a daughter they are proud of. _____
그들은 그들이 자랑스러워하는 딸이 있다.

3 The girls who are dancing on the stage are my sisters.
→ _____ The girls dancing on the stage are my sisters. _____
무대에서 춤추고 있는 소녀들은 내 여동생들이다.

4 That is the game which I'm crazy about these days.
→ _____ That is the game I'm crazy about these days. _____
그것은 요즘 내가 열광하고 있는 게임이다.

C
1 「주격 관계대명사+be동사」는
  생략이 가능하다.
2 목적격 관계대명사 whom은
  으로 생략이 가능하다.
3 주격 관계대명사 who는 이어
  는 be동사와 함께 생략할 수
4 전치사 about이 뒤에 놓여 있
  로 목적격 관계대명사 which
  략할 수 있다.

D 다음 우리말과 같은 뜻이 되도록 빈칸에 알맞은 말을 쓰시오.

1 이것은 내가 잃어버린 것과 같은 지갑이다.
→ This is the same wallet ___that___ ___I___ ___lost___ .

2 우리들이 필요로 하는 것은 사람들의 작은 관심이다.
→ ___What___ ___we___ ___need___ is a little concern from people.

3 공포 영화는 내가 관심 있는 분야가 아니다.
→ Horror movies are not the field ___I'm___ ___interested___ ___in___ .

D
1 선행사에 the same이 포함
  있으므로, 관계대명사는 that
  수 있고 뒤에는 「주어+동사
  lost가 이어진다.
2 '~하는 것'이라는 뜻의 선행
  포함하는 관계대명사 what이
  하며, 뒤에 「주어+동사」인
  need가 이어진다.
3 선행사가 사물인 목적격 관계
  which나 that이 생략된 형
  뒤에 「주어+동사 ~」인
  interested in이 이어진다.

01 다음 문장의 빈칸에 가장 알맞은 것은?

해석 Jina는 매우 아름다운 금발머리를 가진 소녀다.

> Jina is a girl _____ has very beautiful blonde hair.

✔① who ② whom ③ whose
④ which ⑤ what

사람이 선행사이고 뒤에 동사 has가 이어지는 것으로 보아, 빈칸에는 주격 관계대명사 who나 that이 올 수 있다.

02 다음 문장의 빈칸에 공통으로 알맞은 말을 쓰시오.

> • You are the very one _that_ I've been looking for. 너는 내가 찾고 있던 바로 그 사람이다.
> • She is the only person _that_ can speak Chinese. 그녀는 중국어를 할 줄 아는 유일한 사람이다.
> • He is the first Korean _that_ swam across the strait. 그는 해협을 가로질러 헤엄친 최초의 한국인이다.

선행사에 각각 the very와 the only, 서수 the first가 포함되어 있으므로 관계대명사 that을 쓰면 된다. / • strait 해협

03 다음 중 빈칸에 들어갈 말로 한 번도 사용되지 않은 것은?

> • I saw a girl _who[that]_ had a large dog with her. 나는 큰 개를 데리고 있는 소녀를 보았다.
> • Look at the man and the cat _that_ are walking along the river. 강가를 따라 걷고 있는 한 남자와 고양이를 봐.
> • Thomas has a friend _whose_ job is a designer. Thomas는 직업이 디자이너인 친구가 한 명 있다.
> • The woman _who(m)[that]_ we met on the way is my teacher. 우리가 길거리에서 만났던 그 여자분은 우리 선생님이시다.

① whom ② that ③ whose
✔④ which ⑤ who

주격 관계대명사 who[that] / 「사람+사물」 선행사인 주격 관계대명사 that / 소유격 관계대명사 whose / 목적격 관계대명사 who(m)[that]

04 다음 문장의 밑줄 친 what의 쓰임이 다른 것은?

① Nobody believes what they are saying.
② I'll do what I can do for my country.
✔③ Please tell me what your name is.
④ What you just heard is totally false.
⑤ That is not what I have wanted to say.

what이 선행사를 포함하는 관계대명사로 쓰일 때에는 '~하는 것' 이라고 해석되고, 의문사로 쓰일 때에는 '무엇' 으로 해석된다. ③은 '무엇' 이라는 의미가 살아있는 의문사이다. / • totally 완전히 • false 거짓의

05 다음 문장의 밑줄 친 부분 중 생략할 수 없는 것은?

목적격 관계대명사는 단독으로 생략이 가능하지만, 주격 관계대명사는 다음에 이어 나오는 be동사와 함께일 때에만 생략이 가능하다.

① I have something that I should tell you.
✔② Harry wants a car which runs very fast.
③ This is not the information that we need.
④ The house which he lives in is very large.
⑤ That is the music CD that I want to buy.

해석 ① 나는 너에게 말해야할 것이 있다. ② Harry는 아주 빠르게 달리는 자동차를 원한다. ③ 이것은 우리가 필요로 하는 정보가 아니다. ④ 그가 살고 있는 그 집은 아주 크다. ⑤ 그것은 내가 사고 싶은 음악 CD이다.

06 다음 문장의 빈칸에 what이 올 수 없는 것은?

✔① Everything _____ he said is true.
그가 말한 모든 것이 사실이다.
② That's exactly _____ I was thinking.
그것이 내가 생각하고 있었던 바로 그것이다.
③ _____ they need is some money.
그들이 필요한 것은 약간의 돈이다.
④ Love is _____ the most important is.
사랑이 가장 중요한 것이다.
⑤ Don't put off _____ you can do today.
오늘 할 수 있는 일을 미루지 마라.

관계대명사 what은 선행사를 포함하므로 앞에는 선행사 역할을 하는 명사가 없어야 한다. ① 선행사 everything이 있으므로 관계대명사 that이 와야 한다.

[7~8] 다음 두 문장을 관계대명사를 이용하여 한 문장으로 쓰시오.

07

> They have a son.
> His dream is to be a professor.

그들에게는 꿈이 교수인 아들이 한 명 있다.
→ They have a son whose dream is to be a professor.

앞 문장의 a son에 해당하는 단어가 뒷 문장의 His이므로, His 대신 사람을 선행사로 하는 소유격 관계대명사 whose를 써서 연결한다.

08

> This is the watch.
> It was made in Switzerland.

이것은 스위스에서 만들어진 손목시계이다.
→ This is the watch (that[which] was) made in Switzerland.

「주격 관계대명사+be동사」는 생략이 가능하다. the watch가 선행사이므로, 사물을 선행사로 하는 주격 관계대명사 that이나 which가 온다.

09 다음 문장의 빈칸에 올 관계대명사가 다른 것은?

① Tell me everything _____ you know.
② I gave him all _____ I had with me.
✔③ I miss the girl _____ smile was bright.
④ It is the very house _____ my father built.
⑤ Look at the girl and her cat _____ are running.

나머지는 모두 관계대명사 that이 와야 하지만, ③에는 whose가 와야 한다.

해석 ① 네가 아는 모든 것을 내게 말해 줘 ② 내가 가지고 있던 모든 것을 그에게 주었다. ③ 나는 미소가 밝았던 그 소녀가 그립다. ④ 그것은 우리 아버지가 지은 바로 그 집이다. ⑤ 달리고 있는 소녀와 그녀의 고양이를 봐.

⑤ '개의 털'이라는 소유의 관계이므로, 소유격 관계대명사 whose가 와야 한다.

10 다음 중 어법상 어색한 문장은?

① I know a girl who is a pro wrestler.

② That's the answer I'm looking for.

③ Here's the money that you lent to me.

④ The boy whom I met was handsome.

✔⑤ I got a dog which hair is dark brown.

해석 ① 나는 프로레슬러인 소녀를 안다. ② 그것이 내가 찾던 해답이다. ③ 여기 네가 나에게 빌려주었던 돈이 있어. ④ 내가 만났던 그 소년은 잘생겼다. ⑤ 나는 털이 어두운 갈색인 개를 가지고 있었다.

해석 글을 잘 쓸 수 있는 사람들은 모든 종류의 책을 쓴다. 어떤 사람들은 별, 자동차, 배와 같은 실제 있는 것들에 관해 쓴다. 하지만 또 다른 어떤 사람들은 만들어진 이야기를 쓴다. 이러한 이야기들 중의 많은 수는 과거의 일에 관한 것이다. 하지만 어떤 것들은 오늘날의 삶을 보여준다. 이러한 것들은 등교나 가족의 일원이 되는 것에 관한 것일 수도 있다.

[11~12] 다음 글을 읽고, 물음에 답하시오.

Today the yo-yo is a toy. But long ago, the yo-yo was used for hunting. This early yo-yo was probably a rock. The rock was tied to a strong string. Men _____ would hunt wild animals for foods sat in a tree. They threw their yo-yos at animals. If they missed, they could still pull their yo-yos back. It is an example that a hunting tool has changed into a toy.

11 위 글의 빈칸에 들어갈 가장 알맞은 것은?

① which   ✔② who   ③ what

④ whose   ⑤ of which

선행사가 사람 men이고 뒤에 동사가 이어지므로, 주격 관계대명사 who나 that 이 올 수 있다. / • hunting 사냥 • probably 아마도 • string 끈 • pull 잡아당기다 • tool 도구 • 맨 마지막 문장의 that은 동격을 나타내는 문장의 접속사이다.

해석 오늘날 요요는 장난감이다. 하지만 오래 전에, 요요는 사냥에 쓰였다. 이 초기의 요요는 아마도 돌덩이였을 것이다. 그 돌덩이는 튼튼한 줄에 묶여 있었다. 먹거리를 위해 야생 동물을 사냥하려는 사람들은 나무에 앉았다. 그들은 동물을 향하여 요요를 던졌다. 만일 빗나가면, 요요를 다시 잡아당길 수 있었다. 그것은 사냥 도구가 장난감으로 변화한 한 예이다.

12 위 글의 내용으로 보아, 다음 문장의 빈칸에 가장 알맞은 것은?

A hunter could get the yo-yo back because _____.

① it left out   ② it didn't hit

③ it always missed ✔④ it was on a string

⑤ it didn't cost much

사냥꾼들이 동물을 향해 요요를 던졌다가 빗나갔다고 해도 줄에 묶여 있었으므로 다시 잡아당길 수 있었다.

해석 사냥꾼은 요요가 줄에 묶여 있으므로 요요를 다시 잡을 수 있었다.

13 다음 글의 밑줄 친 ①~⑤ 중 어법상 어색한 것은?

People ①who can write well write all kinds of books. Some write about real things, like stars, cars, or boats. But ②others tell stories ③making up. Many of these stories are about things in the past. But some show ④what it's like to live today. ⑤These may be about going to school or being part of a family.

③ '만들어진 이야기들'이라는 뜻의 stories which(that) are made up에서 「which(that)+are」가 생략되어 수동의 의미를 가지는 과거분사 made만이 남아 있는 형태이다. '만들어진'의 수동의 의미가 되어야 하므로 making이 아니라 made이다.
• all kinds of 모든 종류의 • real 실제의 • make up 꾸미다 • past 과거

[14~15] 다음 글을 읽고, 물음에 답하시오.

There are some things we can do to protect our ears. Loud noises too close to the ear may harm the eardrum. Because of this, we shouldn't shout into another person's ear. Slapping the ear may harm the eardrum. Noise may harm our ears. So people ⓐ _____ work in a factory wear something ⓑ _____ helps keeps out noise and protect their ears.

14 위 글의 빈칸 ⓐ와 ⓑ에 들어갈 말이 바르게 짝지어진 것은?

ⓐ는 선행사가 people이므로 주격 관계대명사 who나 that이 필요하며, ⓑ는 선행사 something에 알맞은 주격 관계대명사 that이 와야 한다.

① who – what   ② what – what

✔③ who – that   ④ what – that

⑤ which – what

• protect 보호하다 • noise 소음 • harm 해를 끼치다 • eardrum 고막 • slap 찰싹 때리다 • factory 공장 • wear 입다, 쓰다, 신다

해석 우리의 귀를 보호하기 위해 할 수 있는 몇 가지가 있다. 귀에 너무 가까운 시끄러운 소음은 고막을 상하게 할지도 모른다. 이것 때문에, 우리는 다른 사람의 귀에 대고 소리쳐서는 안 된다. 귀를 찰싹 때리는 것도 고막을 상하게 할지 모른다. 소음은 우리 귀를 상하게 할지 모른다. 그러므로 공장에서 일하는 사람들은 소음을 막고 귀를 보호하는 것을 돕는 무언가를 착용한다.

15 위 글의 주제로 가장 알맞은 것은?

① 귀의 구조   ② 귀의 기능

③ 귀 질병의 종류   ④ 소리의 전달 과정

✔⑤ 귀를 보호하는 방법들

위 글은 첫 문장이 주제문으로 귀를 보호하는 몇 가지 방법들을 예시를 통해 설명하고 있다.

LET'S DRILL

 다음 ( ) 안에서 알맞은 말을 고르시오.

1 She is the girl (who ✓, which) I'm in love with.
사람이 선행사인 목적격 관계대명사로는 who(m), that을 쓴다.

2 Do you understand (that, what ✓) he just said?
앞에 선행사가 없으므로 선행사를 포함하는 관계대명사인 what이 알맞다.

3 This is the best car (that ✓, which) I've ever seen.
선행사에 the best라는 최상급이 포함되어 있으므로 관계대명사로는 that만이 가능하다.

4 I really like a boy (whom, whose ✓) voice is sweet.
'소년의 목소리'라는 소유 관계가 성립되므로 사람을 선행사로 하는 소유격 관계대명사 whose가 와야 한다.

 다음 문장의 빈칸에 알맞은 관계대명사를 고르시오.

1 Jim is the person _____ I really trust.
✓① whom   ② which   ③ what
사람을 선행사로 하는 목적격 관계대명사이므로 who, whom, that이 올 수 있다.

2 These are the books _____ I borrowed from my friend.
① whom   ✓② which   ③ what
사물을 선행사로 하는 목적격 관계대명사이므로 which나 that이 올 수 있다.

3 Please show me _____ you're hiding.
① who   ② that   ✓③ what
빈칸 앞에 선행사가 될 만한 명사가 없으므로 관계대명사 중 유일하게 선행사를 포함하는 what을 써야 한다.

 다음 두 문장을 관계대명사를 이용하여 한 문장으로 쓰시오.

1 Jessica is the girl. She dances best in the class.
→ _____ Jessica is the girl who[that] dances best in the class. _____
사람인 the girl을 선행사로 하는 주격(She) 관계대명사가 필요하므로 who나 that을 써서 연결한다.

2 The U.K. is a country. Its history is very long.
→ _____ The U.K. is a country whose history is very long. _____
사물(a country)을 선행사로 하는 소유격(Its) 관계대명사가 필요하므로 whose를 써서 연결한다.

3 Taewhan is the fastest swimmer. I have ever met the swimmer.
→ _____ Taewhan is the fastest swimmer that I have ever met. _____
선행사가 사람(swimmer)이며, 목적격 관계대명사가 필요한데, 선행사에 the fastest라는 최상급이 포함되어 있으므로 that만을 쓸 수 있다.

4 You must tell us the news. You heard it from the agent.
→ _____ You must tell us the news which[that] you heard from the agent. _____
선행사가 the news이고 목적격 관계대명사가 필요하므로 which나 that을 써서 연결한다.

D 다음 우리말과 같은 뜻이 되도록 빈칸에 알맞은 것을 고르시오.

1 그는 자신이 빌렸던 돈을 갚았다.

→ He paid back _____ he had borrowed.

✔① the money which   ② that the money   ③ the money what

선행사가 사물인 the money이고, 사물이 선행사인 목적격 관계대명사 which나 that이 이어 나온다.

2 지붕이 빨간 저 집을 보아라.

→ Look at the house _____ roof is red.

✔① whose   ② which   ③ that

사물(the house)이 선행사인 소유격 관계대명사 whose가 와야 한다.

3 그녀는 아직 매우 어린 자녀들이 있는 여성이다.

→ She is the woman _____ are still very young.

① who children   ✔② whose children   ③ whom children

그 여자의 자녀들이므로, 소유격 관계대명사 whose가 와야 한다.

E 다음 두 문장이 같은 뜻이 되도록 빈칸에 알맞은 말을 쓰시오.

1 This is the barbie doll I used to play with.

→ This is the barbie doll ___which[that]___ I used to play with.

목적격 관계대명사를 생략한 문장이다. 사람이 아닌 사물이 선행사이므로, 선행사인 the barbie doll 뒤에 생략된 단어는 which나 that이다.

2 The boys reading comic books are not my children.

→ The boys ___who[that]___ ___are___ reading comic books are not my children.

「주격 관계대명사+be동사」가 생략된 문장이다. 선행사가 The boys이므로 who[that]과 be동사 are가 온다.

3 I bought a laptop computer made in Japan.

→ I bought a laptop computer ___which[that]___ ___was___ made in Japan.

사물을 선행사로 하는 주격 관계대명사 which나 that과 3인칭 단수형에 알맞은 be동사인 was가 함께 생략된 문장이다.

F 다음 우리말과 같은 뜻이 되도록 빈칸에 알맞은 말을 쓰시오.

1 나는 중국어를 아주 잘하는 친구 한 명이 있다.

→ I have a ___friend___ ___who[that]___ ___speaks___ Chinese very well.

사람을 선행사로 하는 주격 관계대명사이므로 who나 that이 오며, 다음에 이어지는 동사는 선행사의 수에 일치시킨다.

2 그가 운전하고 있는 차는 매우 낡아 보인다.

→ The car ___which[that]___ ___he___ ___is___ ___driving___ looks very old.

사물을 선행사로 하는 목적격 관계대명사이므로 which나 that이 오고, 다음에 「주어+동사」의 어순이 이어진다.

3 그것이 바로 내가 이 주제에 대해 생각해 왔던 것이다.

→ ___That's___ ___what___ I've been thinking about this topic.

선행사가 될 만한 명사가 없고 '~하는 것'으로 해석되는 것은 선행사를 포함하는 관계대명사인 what이다.

EXERCISE

A 다음 중 어법상 맞는 문장에는 ○표, 어색한 문장에는 ×표 하시오.

1 He studied hard, but he failed again. (○)
그는 열심히 공부했지만, 또 실패했다.

2 Come to see my parents, or they will be very happy with you. (×)
우리 부모님을 뵈러 와라, 그러면(and) 그분들은 매우 행복해할 것이다.

3 I was broke then, so I couldn't go and see my father. (○)
그 당시 나는 돈이 없었다. 그래서 나는 아버지를 뵈러 갈 수 없었다.

4 Which do you want, this 'Snow White' costume and that 'Little Mermaid'
one? (×) 이 '백설공주' 의상과 저 '인어공주' 의상 중 어떤 것을 원하니?

A

1 앞뒤 문장이 반대의 뜻을 가지므로 but으로 연결할 수 있다.
2 앞뒤 문장이 and로 연결되어야 자연스럽다. (or → and)
3 원인과 결과를 나타내는 so가 올 수 있다.
4 Which ~?로 묻는 선택의문문의 경우 or가 온다. (and → or)

B 다음 두 문장을 한 문장으로 만들 때 빈칸에 알맞은 말을 쓰시오.

1 Kathy will marry Tom this month. + It's certain.
→ ___That Kathy will marry Tom this month___ is certain.
Kathy가 이달에 Tom과 결혼하는 것은 확실하다.

2 There is a strange rumor. + Mr. Joe disappeared last year.
→ There is a strange rumor ___that Mr. Joe disappeared last year___.
Joe 씨가 작년에 사라졌다는 이상한 소문이 있다.

3 I don't know. + Who is that girl over there?
→ I don't know ___who that girl over there is___.
나는 저기 있는 저 소녀가 누구인지 모른다.

B

1 접속사 that으로 주어 역할을 하는 주절을 만든다.
2 접속사 that 이하가 a strange rumor의 동격절을 이끌고 있다.
3 의문사 who가 이끄는 절이 know의 목적어 역할을 하고 있다.

C 다음 대화의 빈칸에 알맞은 말을 쓰시오.

1 A Do you know ___if[whether]___ Ann is at home now?
B No, I have no idea.
A: 너는 Ann이 지금 집에 있는지 아니? B: 아니, 모르는데.

2 A Do you know ___what___ ___time___ the film begins?
B The film begins at 7:30.
A: 영화가 언제 시작하는지 아니? B: 그 영화는 7시 30분에 시작해.

3 A You will realize your dream ___that___ you will become an artist.
B Thank you for saying so.
A: 너는 화가가 되겠다는 너의 꿈을 이룰 거야. B: 그렇게 말해줘서 고마워.

4 A What did the interviewer ask you?
B She asked ___whether___ I could speak any foreign languages or not.
A: 면접관이 무슨 질문을 했니? B: 그녀는 내가 외국어를 할 수 있는지 없는지 물었어.

C

1 '~인지 아닌지'의 뜻인 whether나 if가 올 수 있다.
2 B에서 구체적인 시간을 답하고 있으므로 의문사 what time이나 when이 필요하다.
3 your dream과 동격절을 이끄는 that이 필요하다.
4 '~인지 아닌지'의 whether나 if가 올 수 있는데, 뒤에 or not이 있으므로 whether만 올 수 있다.

D 다음 우리말과 같은 뜻이 되도록 빈칸에 알맞은 말을 쓰시오.

1 나의 바람은 네가 곧 회복하는 것이다.
→ My hope is ___that___ ___you___ ___will___ ___recover___ soon.

2 Jake가 올지 안 올지는 확신할 수 없다.
→ I'm not sure ___whether___ ___Jake___ ___will___ ___come___ or not.

3 그녀가 그렇게 말했다는 것은 사실이다.
→ ___That___ ___she___ ___said___ ___so___ is true.

D

1 접속사 that으로 보어로 쓰이는 명사절을 만든다.
2 '~인지 아닌지'의 whether ~ or not을 사용한다.
3 접속사 that으로 '~인 것'의 뜻인 주절을 만든다.

Page 41

EXERCISE

A 다음 ( ) 안에서 알맞은 말을 고르시오.

1 What do you want to be (when ✓, if) you grow up?
너는 크면 뭐가 되고 싶니?

2 I will wait here until he (comes ✓, will come) back.
나는 그가 돌아올 때까지 여기서 기다릴 것이다.

3 I don't know if he (comes, will come ✓) back early.
나는 그가 일찍 돌아오지 아닐지 모른다.

4 Unless you (are ✓, aren't) quiet, we cannot concentrate.
네가 조용히 하지 않으면, 우리는 집중할 수가 없다.

B 다음 빈칸에 가장 알맞은 단어를 〈보기〉에서 골라 문장을 완성하시오. (중복 불가)

> 보기 when　while　after　before　until　since　if　unless

1 Always look both ways __before__ you cross the road.
길을 건너기 전에 항상 양쪽 길을 다 살펴라.

2 They have been friends __since__ they first met.
처음 만난 이래로 그들은 친구가 되었다.

3 __When__ people feel lonely, they talk to themselves.
사람들은 외로움을 느낄 때 혼잣말을 한다.

4 __Unless__ it snows more, we can't go skiing this weekend.
눈이 더 이상 오지 않는다면, 우리는 이번 주말에 스키를 타러 갈 수 없다.

C 다음 대화의 빈칸에 알맞은 말을 쓰시오.

1 A Hello. Is Nancy there, please? 여보세요. Nancy 있나요?
　 B No, she's not in. 아뇨, 그녀는 지금 여기 없어요.
　 A Please tell her to call Jacob __as__ __soon__ __as__ she comes back. It's urgent. 그녀가 오자마자 Jacob에게 전화해 달라고 전해 주세요. 급한 일이에요.

2 A There was a big noise out there __while__ I was reading a book.
　　　　　　　　　　　내가 책을 읽고 있을 동안 밖에서 큰 소리가 났어.
　 B What happened? 무슨 일이 있었는데?

3 A Wake up right now. You'll be late again __unless__ you get up now.
　　　　　　　　　　지금 당장 일어나. 지금 일어나지 않으면 또 지각할 거야.
　 B OK, Mom. I will. 알겠어요, 엄마. 일어날게요.

4 A You may take a rest __if__ you don't feel good. 상태가 좋지 않으면 쉬어도 좋아.
　 B Thank you. 고맙습니다.

C
1 급하다고 했으므로 '~하자마자'라는 의미의 as soon as가 적절하다.
2 '책을 읽는 동안에' 일어난 일을 묘사하고 있고 과거 진행형과 함께 쓰이기에 적절한 접속사는 while이다.
3 '만약 지금 일어나지 않는다면'이라는 의미여야 하고 부정어가 없으므로 unless가 적절하다.
4 '몸이 좋지 않다면'의 의미이고 not이 있으므로 if가 오는 것이 적절하다.

D 다음 우리말과 같은 뜻이 되도록 빈칸에 알맞은 말을 쓰시오.

1 나의 여동생은 공부를 하면서 라디오를 듣는다.
　 → My sister listens to the radio __as__ __she__ __studies__.

2 문이 열리자마자 사람들이 들어왔다.
　 → __As__ __soon__ __as__ the doors were open, people came in.

3 네가 괜찮다면, Tom을 부르고 싶어.
　 → I'd like to call Tom, __if__ __you__ __don't__ mind.

D
1 as는 동시 동작을 나타내며 '~하면서'라고 해석된다
2 as soon as ~하자마자
3 mind는 '꺼리다'라는 뜻이므로 you don't mind는 '네가 꺼리지 않는다면, 네가 괜찮다면'의 의미로 쓰인다.

EXERCISE

A 다음 ( ) 안에서 알맞은 말을 고르시오.

1 I don't like her (because ✓, though) she is selfish. 나는 그녀가 이기적이어서 그녀를 좋아하지 않는다.

2 (As ✓, While) you are old enough, you can live alone. 너는 충분히 나이가 들었으므로, 혼자 살 수 있다.

3 (Since, Although ✓) I was very sick, I took the exam. 내가 아주 아팠음에도 불구하고, 나는 시험을 쳤다.

4 Old (as ✓, though) he is, he keeps in shape. 그는 나이가 들었음에도 불구하고, 멋진 몸매를 유지하고 있다.

A

1 '이기적이어서' 싫다고 했으므로 이유의 접속사 because가 알맞다.
2 '충분히 나이가 들었으므로'라고 이유를 나타내야 자연스러운 문장이 되므로, 이유의 접속사 as가 와야 한다.
3 문맥상 '아팠음에도 불구하고'라는 양보의 의미가 적합하므로 양보의 접속사 although가 온다.
4 「형용사+as+주어+동사」의 어순으로 양보의 의미를 나타낸다.

B 다음 두 문장이 같은 뜻이 되도록 빈칸에 알맞은 말을 쓰시오.

1 I couldn't arrive on time because of the heavy rain.
→ I couldn't arrive on time because ____it____ ____rained____ ____heavily____ .
엄청나게 비가 내렸기 때문에 나는 제 시간에 도착할 수 없었다.

2 He tried hard, but he didn't succeed in his business.
→ ____Though____ ____he____ ____tried____ ____hard____ , he didn't succeed in his
    [Although]
business. 그는 열심히 노력했음에도 불구하고, 그의 사업에 성공하지 못했다.

3 Daniel is kind and honest, so everybody likes him.
→ Everybody likes Daniel ____because[as, since]____ ____he____ ____is____ ____kind____
____and____ ____honest____ . Daniel은 친절하고 정직해서 모든 사람들이 그를 좋아한다.

4 In spite of lots of noise, we enjoyed our party.
→ ____Though____ there was ____lots____ ____of____ ____noise____ , we enjoyed our party.
    [Although]
아주 시끄러웠음에도 불구하고, 우리는 파티를 즐겼다.

B

1 「because of+명사(구)」는 「because+주어+동사」로 바꿔 쓸 수 있다.
2 but으로 연결되어 반대의 뜻을 나타내므로 양보의 though나 although로 연결할 수 있다.
3 so는 원인과 결과의 순서로 연결되어 있고, 이는 이유의 접속사로 바꿀 수 있다.
4 「in spite of+명사구」는 「though [although]+주어+동사」로 바꿔 쓸 수 있다.

C 다음 대화의 빈칸에 알맞은 말을 쓰시오.

1 A What do you think of Karl?
   B Everybody likes him ____because[as, since]____ he's very diligent.
A: Karl에 대해 어떻게 생각해? B: 그는 아주 부지런해서 모든 사람들이 그를 좋아해.

2 A Tomorrow is our picnic! But what will we do if it rains?
   B We're going to the beach ____even____ ____if____ it rains.
A: 내일은 소풍날! 하지만 비가 오면 어쩌지? B: 비가 온다고 해도 우리는 바닷가에 갈 거야.

3 A Mary is very clever, right?
   B Yes, young ____as____ she is, she's very clever and considerate.
A: Mary는 아주 영리해, 그렇지? B: 그래, 그녀는 나이가 어리지만 아주 영리하고 사려 깊어.

C

1 그를 좋아하는 이유가 그가 부지런하기 때문이므로 이유의 접속사가 필요하다.
2 '비가 온다 할지라도'의 양보의 접속사 even if가 온다.
3 앞에 형용사가 있으므로 「형용사+as+주어+동사」의 양보 접속사 as가 적절하다.

D 다음 두 문장을 알맞은 종속접속사를 이용하여 한 문장으로 쓰시오.

1 Jim never works out. He is very healthy.
→ ____Though[Although] Jim never works out, he is very healthy.____
Jim은 결코 운동을 하지 않음에도 불구하고, 아주 건강하다.

2 I couldn't attend the meeting. I was so busy.
→ ____I couldn't attend the meeting because[as, since] I was so busy.____
나는 너무 바빠서 회의에 참석할 수 없었다.

3 I live next to him. I don't see him very often.
→ ____Though[Although] I live next to him, I don't see him very often.____
나는 그의 옆집에 살고 있음에도 불구하고, 그를 그렇게 자주 보지 못한다.

D

1 운동을 하지 않아도 건강하므로 양보의 접속사 though나 although를 사용한다.
2 바쁜 것이 원인이므로, 이유를 나타내는 접속사를 사용하여 연결한다.
3 옆집에 살지만 자주 못 본다고 하였으므로 양보를 나타내는 접속사 though나 although를 사용한다.

01 우리말과 같은 뜻이 되도록 할 때 빈칸에 알맞은 말은?

> Stephanie는 매우 아팠지만, 결석하지 않으려고 노력했다.
> → _____ Stephanie was very sick, she tried not to be absent from school.

① When   ② If   ③ Unless
④ Because   ✔⑤ Though

'비록 ~임에도 불구하고' 라는 뜻의 양보를 나타내는 접속사 though나 although가 적절하다.

unless는 조건의 부사절을 이끄는 접속사로, if ~ not과 바꾸어 쓸 수 있다.

02 다음 두 문장이 같은 뜻이 되도록 빈칸에 알맞은 말을 쓰시오.

> Unless she works harder, she will get fired.
> → If ___she___ ___doesn't___ ___work___ harder, she will get fired.

해석 그녀가 더 열심히 일하지 않는다면 해고될 것이다.

해석 ① 네가 나갈 때 컴퓨터를 꺼라. ② 너의 부모님이 언제 오실지 내게 말해줘. ③ 내가 어렸을 때, 나는 무척 부끄러움을 탔다. ④ 그는 여가 시간에 주로 피아노를 친다. ⑤ 쇼핑하러 갈 때, 나에게 우유 좀 사다 줘.

[3~4] 다음 중 밑줄 친 부분의 쓰임이 다른 것을 고르시오.

03 ① Turn off the computer <u>when you go out</u>.
✔② Please tell me <u>when your parents will come back</u>.
③ <u>When I was young</u>, I was very shy.
④ He usually plays the piano <u>when he is free</u>.
⑤ <u>When you go shopping</u>, buy me some milk.

when이 '~할 때' 라고 해석되면 시간의 부사절을 이끄는 접속사이지만, '언제' 라고 해석되면 의문사이다. ② when은 간접의문문에 쓰인 의문사이다.

나머지 문장의 if는 모두 '만일 ~라면' 의 뜻으로 조건의 부사절을 이끌지만 ⑤는 '~인지 아닌지' 의 뜻으로 명사절을 이끌고 있다.

04 ① <u>If</u> it's warm tomorrow, let's go for a drive.
② We'll get wet <u>if</u> we go out.
③ I talk to my best friend <u>if</u> I have problems.
④ <u>If</u> you have finished the work, you can go.
✔⑤ I asked him politely <u>if</u> he agrees with my idea.

해석 ① 내일 날씨가 따뜻하면 드라이브하러 갑시다. ② 밖에 나가면 젖을 것이다. ③ 나는 문제가 있다면 친한 친구에게 말한다. ④ 그 일을 다 끝냈다면, 가도 좋다. ⑤ 나는 그에게 내 생각에 동의하는지 정중하게 물었다.

[5~6] 다음 문장의 빈칸에 가장 알맞은 것을 고르시오.

05
> You should stop smoking _____ it's bad for your health.

① when   ② while   ✔③ because
④ until   ⑤ after

문맥상 '건강에 나쁘니까 금연해야 한다'는 뜻이므로 이유를 나타내는 접속사 because, as, since가 올 수 있다.
해석 넌 담배를 끊어야만 해, 왜냐하면 건강에 나쁘니까.

06
해석 그가 사실을 말하든 그렇지 않든 나는 그를 신뢰할 것이다.

> _____ he is saying the truth or not, I'll trust him.

① While   ② When   ✔③ Whether
④ That   ⑤ Unless

문맥상 '그가 사실을 말하든 그렇지 않든 나는 그를 신뢰할 것이다.' 라고 말하고 있으므로 '~인지 아닌지', '~이든 아니든'에 해당하는 whether가 적절하다.

나머지 문장은 모두 원인과 결과를 나타내므로 이유를 나타내는 접속사 because가 필요하지만, ④는 '비록 교통이 혼잡했지만, 늦지 않았다.' 라는 양보의 뜻을 가지므로 양보의 접속사 Though나 Although가 필요하다.

07 다음 문장의 빈칸에 들어갈 접속사가 <u>다른</u> 것은?
① I couldn't go abroad _____ I was poor.
② We gave up playing soccer _____ it was dark.
③ _____ she had a headache, she couldn't study.
✔④ _____ the traffic was heavy, we were not late.
⑤ I don't trust him _____ he often tells lies.

해석 ① 나는 가난했기 때문에 해외로 나갈 수 없었다. ② 어두웠기 때문에 우리는 축구하는 것을 포기했다. ③ 그녀는 머리가 아팠기 때문에 공부할 수 없었다. ④ 교통이 막혔음에도 불구하고, 우리는 늦지 않았다. ⑤ 나는 그가 종종 거짓말을 하기 때문에 그를 신뢰하지 않는다.

08 다음 우리말과 같은 뜻이 되도록 빈칸에 알맞은 말을 쓰시오.

> 그녀는 L.A.에 도착하자마자 우리에게 전화할 거야.
> → ___As___ ___soon___ ___as___ ___she___ ___arrives___ in L.A., she will call us.

as soon as는 '~하자마자' 라는 뜻의 접속사로 시간의 부사절을 이끌기 때문에 미래의 일이지만 현재 시제인 arrives로 표현한다.

해석 A: 내일 소풍 갈 거니? B: 비가 온다면 집에 머물 거야.

09 다음 대화의 빈칸에 가장 알맞은 것은?

> A Are you going on a picnic tomorrow?
> B _____, we will stay home.

✔① If it rains   ② If it will rain

③ If it doesn't rain   ④ Unless it rains

⑤ Because it doesn't rain

'비가 오면 집에 있을 것'이라고 답해야 자연스러우므로, If로 시작하는 조건의 부사절을 쓴다. 단, 조건의 부사절에서는 현재 시제가 미래를 대신한다.

10 다음 두 문장을 알맞은 접속사를 써서 연결하시오.

> I failed my interview.
> I didn't prepare enough.

나는 충분히 준비하지 않았기 때문에 면접에서 실패했다.

→ I failed my interview because[as, since] I didn't prepare enough.

두 문장이 원인과 결과를 나타내므로 이유를 나타내는 접속사를 사용하여 한 문장으로 나타낸다.

[11~12] 다음 글을 읽고, 물음에 답하시오.

> _____ you go hiking in the woods, be careful! There may be the *poison ivy. It is a plant that hurts people. It has green leaves. They shine. In fall, they turn bright red or orange. People often pick up the leaves because they are so pretty. Cover your arms and legs _____ you go into the woods. _____ you come home, wash your skin with soap.
>
> * poison ivy 덩굴옻나무

11 위 글의 빈칸에 공통으로 알맞은 것은?

① If   ✔② When   ③ While

④ Before   ⑤ Although

빈칸에는 모두 '~할 때'라는 뜻의 시간의 부사절을 이끄는 접속사 when이 와야 자연스럽다. / • poison 독, 독이 있는 • hurt 다치게 하다 • shine 빛나다 • pick up 따다 • skin 피부

12 위 글에 나타난 poison ivy에 대한 설명으로 틀린 것은?

① 사람들을 아프게 할 수 있는 식물이다.

② 가을에는 잎의 색이 변한다.

③ 피부에 손상을 줄 가능성이 있다.

✔④ 잎은 윤기 없는 녹색이다.

⑤ 색이 예뻐서 잎을 따는 사람들도 있다.

글 중간에 They shine.이라는 말이 나온다.

13 다음 글의 빈칸에 공통으로 알맞은 것은?

> I go to bed early during the week. I don't stay up late _____ I get up very early every morning. I always come to class on time _____ my teacher wants us not to be late for school.

① when   ② if   ③ unless

④ though   ✔⑤ because

원인과 결과가 되는 두 개의 절을 연결하고 있으므로 이유의 접속사 because가 적절하다.

해석 나는 주중에는 잠자리에 일찍 든다. 나는 매일 아침 아주 일찍 일어나기 때문에 늦게까지 깨어 있지 않는다. 선생님께서 우리가 학교에 지각하는 걸 원치 않으시므로 나는 항상 정각에 수업에 온다.

해석 여러분이 숲에 산책하러 갈 때, 조심해라! 덩굴옻나무가 있을 수도 있다. 그것은 사람들을 다치게 하는 식물이다. 그것은 녹색 잎을 가지고 있다. 그 잎은 윤기가 난다. 가을에는 밝은 빨강이나 오렌지색으로 변한다. 너무나 예뻐서 사람들은 그 잎을 따기도 한다. 숲에 들어갈 때에는 팔과 다리를 가려라. 집에 오면, 비누로 피부를 씻어라.

[14~15] 다음 글을 읽고, 물음에 답하시오.

> ①Before every rocket is sent into the air, a countdown takes place. Countdowns are not done just for the thrill. Each ②number in the counter stands for a particular job to be done. For new rockets the countdown can last up to ten hours. If a problem ③arises, the countdown stops. It ④won't start up again until the problems ⑤will be solved. Those countdowns can protect the rockets from damage and save the astronaut's _____.

14 위 글의 밑줄 친 ①~⑤ 중 어법상 어색한 것은?

①   ②   ③   ④   ✔⑤

until이 이끄는 절은 시간의 부사절이므로, 현재 시제가 미래를 대신한다.
• take place 발생하다 • particular 특정한 • last up to ~까지 지속되다
• arise 발생하다 • solve 해결하다 • damage 손상 • astronaut 우주 비행사

해석 모든 로켓이 공중으로 보내지기 전, 카운트다운이 일어난다. 카운트다운은 스릴을 위해서만 행해지는 것은 아니다. 그 카운트의 각 수는 특정한 일이 행해져야 함을 나타낸다. 새로운 로켓에는 카운트다운이 10시간까지 지속된다. 만일 문제가 생기면, 카운트다운은 중단된다. 그 문제가 해결될 때까지 카운트다운은 다시 시작되지 않을 것이다. 그러한 카운트다운은 손상으로부터 로켓을 보호하고, 우주 비행사의 생명을 보호할 수 있다.

15 위 글의 빈칸에 가장 알맞은 것은?

① job   ② money   ✔③ life

④ friend   ⑤ time

로켓 발사 전에 행해지는 카운트다운의 궁극적인 목적은 로켓 자체를 보호하고, 그 안에 탑승하고 있는 우주 비행사의 생명을 보호하는 데 있음을 유추할 수 있다.

 다음 ( ) 안에서 알맞은 말을 고르시오.

1 (Because✓, Though) I got up late, I missed the bus.
늦게 일어나 버스를 놓쳤으므로 이유의 접속사인 because가 적절하다.

2 You'll regret it later (if, unless✓) you are really careful.
'주의하지 않는다면' 이라는 뜻의 부정의 의미가 되어야 하므로 if ~ not의 의미를 가지는 unless가 알맞다.

3 (Before✓, After) I went to bed, I took a hot bath.
'잠자리에 들기 전' 이 논리적으로 알맞다.

4 (Since✓, As soon as) we were young, we have been friends.
'우리가 어렸을 때 이래로 계속' 이라는 뜻이 되어야 하므로 '~ 이래로' 라는 뜻의 since가 알맞다.

 다음 두 문장이 같은 뜻이 되도록 빈칸에 알맞은 말을 쓰시오.

1 The traffic was very heavy, but we were not late.
→ _Though [Although]_ the traffic was very heavy, we were not late.
문장의 의미상 '비록 ~에도 불구하고' 라는 뜻의 양보의 접속사가 필요하다.

2 Unless it stops raining, we will wait inside watching TV.
→ If ___it___ ___doesn't___ ___stop___ raining, we will wait inside watching TV.
unless는 if ~ not으로 바꿀 수 있다.

3 Because of the heavy snow, the cars couldn't move at all.
→ Because ___it___ ___snowed___ ___heavily___, the cars couldn't move at all.
because of는 「because+S+V」로 바꿀 수 있다. because는 접속사이므로 뒤에 「주어+동사」의 절이 온다.

4 During his stay in London, he visited Buckingham Palace.
→ While ___he___ ___stayed___ in London, he visited Buckingham Palace.
during은 같은 의미의 while로 바꿀 수 있다. while은 접속사이므로 뒤에 「주어+동사」의 절이 온다.

 다음 문장의 빈칸에 알맞은 것을 고르시오.

1 If he _____ back, we will be very happy.
① is coming   ✓② comes   ③ will come
조건의 부사절에서는 미래의 일이라도 현재 시제를 쓴다.

2 _____ he is, he is not so good at languages.
✓① Smart as   ② Smart though   ③ Because smart
양보의 의미를 나타낼 때 though나 although 이외에 「형용사+as+주어+동사」로도 나타낼 수 있다.

3 I will wait for them right here _____ they return.
① since   ② when   ✓③ until
문장의 내용상 '그들이 돌아올 때까지 여기에서 기다리겠다' 라는 의미가 되므로 '~할 때까지' 라는 뜻의 until이나 till이 알맞다.

D 다음 문장의 빈칸에 가장 알맞은 종속접속사를 〈보기〉에서 골라 쓰시오. (중복 불가)

보기   when   if   although   because

1 I couldn't pass the test ___although___ I did my best.
'최선을 다했음에도 불구하고' 라는 의미가 되어야 하므로 양보의 접속사 although가 필요하다.

2 Nobody could hear her ___because___ people made so much noise.
원인과 결과의 두 개의 절을 연결해 주고 있으므로 이유의 접속사인 because가 알맞다.

3 ___When___ you finish your work, call me. I'll pick you up.
'일을 마치면' 이라는 의미가 되어야 하므로 시간의 접속사인 when이 적당하다.

4 You'll become a dentist ___if___ you study really hard.
상대방에게 '공부를 정말 열심히 하면' 이라는 조건을 다는 것이므로 조건의 접속사인 if가 어울린다.

E 다음 두 문장을 알맞은 종속접속사를 이용하여 한 문장으로 쓰시오.

1 My brother eats so much. He is skinny.
→ ___Though[Although] my brother eats so much, he is skinny.___
'많이 먹음에도 불구하고' 라는 뜻이 되어야 하므로 양보의 접속사인 though나 although를 이용하여 연결한다.

2 I sat up all night yesterday. I had a lot of homework.
→ ___I sat up all night yesterday because[as, since] I had a lot of homework.___
숙제가 많은 것이 밤을 샌 이유가 되므로 이유의 접속사인 because나 as, since를 이용하여 두 문장을 연결한다.

3 I worked out hard every day. I didn't lose any weight.
→ ___Though[Although] I worked out hard every day, I didn't lose any weight.___
문장의 내용상 '열심히 운동했음에도 불구하고' 라는 의미가 되어야 하므로, 양보의 접속사인 though나 although로 두 문장을 연결한다.

F 다음 우리말과 같은 뜻이 되도록 빈칸에 알맞은 말을 쓰시오.

1 내일 날씨가 맑으면, 우리는 등산하러 갈 거야.
→ ___If___ ___it___ ___is___ fine tomorrow, we'll go hiking.
조건의 부사절에서는 미래의 일이라도 현재 시제로 대신하므로, will be가 아니라 동사는 비인칭주어 it에 어울리는 is가 되어야 한다.

2 네가 나와 함께 있던 동안, 나는 항상 행복했어.
→ ___While___ ___you___ ___were___ with me, I was always happy.
'~하는 동안' 이라는 의미의 접속사는 while이며, be동사는 과거형 were로 쓴다.

3 내 아들이 태어난 지 2년이 흘렀다.
→ Two years have passed ___since___ my son ___was___ ___born___.
'~ 이래로' 라는 의미의 접속사는 since이고 아들이 태어난 것은 과거의 한 시점이므로 be born을 과거 시제로 바꿔 써야 한다.

4 네가 그것을 싫어한다 할지라도, 좋아하는 척 해라.
→ ___Though [Although]___ ___you___ ___hate___ it, just pretend to like it.
양보의 접속사로 '비록 ~한다 할지라도' 의 의미를 가지는 것은 though나 although이다.

01 다음 중 밑줄 친 부분이 <u>어색한</u> 것은?

① One of my <u>teeth</u> hurts so much.

② Bring me a glass of apple <u>juice</u>.

✔③ Those <u>gentleman</u> are my uncles.

④ Many kinds of <u>fish</u> live in the lake.

⑤ There were three grand <u>pianos</u> on the stage.

③ those는 that의 복수이므로, 다음에 오는 명사형도 gentleman의 복수형인 gentlemen이 되어야 한다.

02 다음 두 문장이 같은 뜻이 되도록 빈칸에 알맞은 말을 쓰시오.

> I will give you the thing that I have now.
> → I will give you ____what____ I have now.

관계대명사 중 선행사를 포함하는 관계대명사 what은 '~하는 것'이라는 의미로 해석되고, the thing that이나 the thing which로 바꿔 쓸 수 있다.

03 다음 두 문장을 한 문장으로 만들 때 빈칸에 알맞은 말은?

> I have a friend. Her dream is to be a fashion model.
> → I have a friend _____ dream is to be a fashion model.

① who ✔② whose ③ whom

④ that ⑤ what

a friend에 해당하는 단어인 Her가 소유격 인칭대명사이므로, 소유격 관계대명사 whose가 필요하다.

② 문장의 의미상 '표를 가지고 있지 않다면', '휴식을 취하지 않는다면'이라는 부정의 조건절을 이끄는 내용이므로, if ~ not의 의미를 가지는 unless가 알맞다.

04 다음 문장의 빈칸에 공통으로 알맞은 말은?

> • _____ you have a ticket, you can't get into the theater.
> • _____ you get some rest, you will get very sick.

① If ✔② Unless ③ Because

④ When ⑤ Though

[5~7] 다음 문장의 빈칸에 들어갈 단어가 바르게 짝지어진 것을 고르시오.

05
> • Can you lend me a pen? I need _____.
> • I want to use your eraser. Can I borrow _____?

① ones – one ✔② one – it

③ it – ones ④ it – one

⑤ it – it

정해지지 않은 명사는 one으로 대신할 수 있고, 특정한 것을 지칭하는 「the+명사」나 「소유격+명사」는 it으로 바꿔 쓸 수 있다.

06
> • Some like rock music, but _____ don't.
> • One of the twins likes sports, but _____ doesn't.

① other – another

② other – the others

✔③ others – the other

④ another – the other

⑤ others – another

막연한 다수의 사람들 중 일부는 some으로 나타내며, 또 다른 일부는 others로 나타낸다. 둘 중 하나는 one, 다른 하나는 the other로 나타낸다.

a cup of는 주로 따뜻한 음료와 함께 쓰여 '한 잔의'라는 의미이며, a piece of는 '한 조각의'라는 뜻이다.

07
> • I always drink a _____ of tea after meals.
> • Each of them had a _____ of cake after the party.

① glass – slice ② glass – piece

③ cup – sheet ④ cup – glass

✔⑤ cup – piece

08 다음 중 밑줄 친 부분의 쓰임이 다른 것은?

① We enjoyed ourselves last night.
② Did you look at yourself in the mirror?
③ You must learn to live for yourself.
✔④ I cooked all this food myself.
⑤ She really needs to know herself.

①, ②, ③, ⑤의 재귀대명사는 동사나 전치사의 목적어로 쓰인 경우로 생략할 수 없지만, ④의 myself는 주어인 I를 강조하는 강조용법으로 쓰였으며 생략이 가능하다.

09 다음 중 밑줄 친 부분의 쓰임이 다른 것은?

① When you have a problem, call me.
② I will take a trip when I finish this work.
③ When Mom comes home, we'll have dinner.
✔④ We want to know when the show will begin.
⑤ She reads comic books when she feels unhappy.

나머지 문장의 when은 모두 '~할 때'라고 해석되는 접속사이지만, ④는 '언제'라고 해석되는 의문사로 쓰였다.

10 다음 두 문장을 관계대명사를 이용하여 한 문장으로 쓰시오.

There are many people.
Their names are the same.

→ _____ There are many people whose names are the same.

people과 their가 공통되므로 소유격 관계대명사 whose로 두 문장을 연결한다.

unless는 그 자체가 부정의 의미이므로 not을 쓰지 않으며, if ~ not으로 바꿔 쓸 수 있다.

11 다음 우리말과 같은 뜻이 되도록 빈칸에 알맞은 말을 쓰시오.

네가 조심하지 않는다면, 실수하게 될 거야.
→ Unless ___you___ ___are___ ___careful___, you'll make a mistake.
→ If ___you___ ___aren't___ ___careful___, you'll make a mistake.

12 다음 글의 밑줄 친 ①~⑤ 중 어법상 어색한 것은?

A lot of accidents happen ①when it is raining. People are in a hurry ②because they don't want to get wet. They often cannot see clearly ✔③though they hold umbrellas in front of them. Remember ④that cars take longer to stop ⑤when the road is wet.

③ though가 오면 앞뒤 절의 연결이 어색하다. 이유를 나타내는 because나 때를 나타내는 when이 와야 자연스럽다.

해석 많은 사고들이 비가 내릴 때 일어난다. 사람들은 젖기를 원하지 않기 때문에 서두른다. 그들은 앞에 우산을 들고 있기 때문에(들고 있으면) 종종 앞을 똑바로 볼 수 없다. 도로가 젖었을 때에는 차들이 정지하는 데 더 오래 걸린다는 것을 기억해라.

[13~14] 다음 문장의 빈칸에 들어갈 관계대명사가 다른 것을 고르시오.

13 ① He is the first man _____ won the game.
② Look at the girl and her cat _____ are running.
③ She is the only girl _____ can understand the book.
④ That is the same computer _____ I bought yesterday.
✔⑤ England is a country _____ history is very long.

선행사에 최상급, 서수, the only, the same 등의 표현들이 포함되어 있거나 the girl and her cat과 같이 「사람+동물」인 경우 관계대명사 that만을 쓸 수 있다.
⑤는 '그 나라의 역사'라는 뜻이 성립되므로, 소유격 관계대명사인 whose가 와야 한다.

관계대명사 what은 선행사를 포함하는 관계대명사로 the thing that이나 the thing which로 바꿔 쓸 수 있다. ④ 선행사 the things가 있으므로 빈칸에는 that이나 which가 와야 한다.

14 ① I ate _____ she made for me.
② I don't believe _____ they say.
③ It is _____ I have wanted for so long.
✔④ They're the things _____ he heard.
⑤ They didn't have _____ I want to buy.

15 다음 문장의 밑줄 친 부분 중 생략이 가능한 것은?

① She is the woman <u>who</u> helps us.

② I have a friend <u>that</u> lives in Bundang.

✔③ This is the car <u>that</u> I'd like to buy.

④ He's the one <u>whose</u> memory is good.

⑤ Michael has a dog <u>which</u> runs very fast.

관계대명사 중 목적격 관계대명사는 생략이 가능하고, 주격 관계대명사는 다음에 be동사가 있을 때 함께 생략이 가능하다.

[해석] 많은 사람들은 점심 식사 후에 졸음을 느낀다. 그들은 점심을 먹은 것이 졸음의 원인이라고 생각할지 모른다. 아니면, 여름에는 열기 때문이라고 생각할지 모르겠다. 하지만, 진짜 이유는 그들의 몸 속에 있다. 그 때 – 일어나고 나서 8시간 정도 후 – 여러분의 체온은 내려간다. 이것이 여러분의 행동을 느리게 하고, 졸음을 느끼도록 만드는 것이다.

[16~17] 다음 글을 읽고, 물음에 답하시오.

Many people feel sleepy after lunch. They may think that eating lunch is the cause of their sleepiness. Or, in summer, they may think that it is the heat. However, the real reason lies inside their bodies. At that time — about eight hours after you wake up — your body temperature goes down. This is _____ makes you slow down and feel sleepy.

16 위 글의 빈칸에 가장 알맞은 것은?

① that　　② which　　③ when

✔④ what　　⑤ who

글의 내용상 마지막 문장은 '이것이 여러분을 느리게 하고 졸립다고 느끼도록 만드는 것이다.'라는 뜻이 되어야 하므로, 빈칸에는 '～하는 것'이라는 뜻의 관계대명사인 what이 적당하다.
· cause 원인 · sleepiness 졸음 · heat 열, 열기 · temperature 기온

At that time으로 시작되는 문장에 점심 식사 이후에 졸립다고 느끼게 되는 이유가 설명되어 있다.

17 위 글의 내용으로 보아, 점심 식사 이후 졸음이 오는 이유로 알맞은 것은?

① 점심 식사를 너무 많이 해서

② 오후에는 몸이 열이 많이 나므로

③ 점심 식사로 먹은 음식 종류 때문에

✔④ 잠을 깬 지 8시간 후면 체온이 떨어지므로

⑤ 잠을 깬 지 일정 시간 후에는 혈압이 낮아지므로

18 다음 중 어법상 <u>어색한</u> 문장은?

① That Tony made the big mistake is certain.

② Wash your hands before you have a meal.

✔③ We'd better leave things as they are until the police will arrive.

④ I want to buy a house whose backyard is very wide.

⑤ The boy and the monkey that I saw on the TV show were so great.

③ 시간이나 조건의 부사절에서는 현재 시제가 미래를 대신하므로 will arrive를 arrive로 고쳐야 한다. 여기서 police는 군집명사로 복수 취급한다.

[19~20] 다음 글을 읽고, 물음에 답하시오.

① <u>During</u> I was staying a few years in Korea, I have found out something. ② <u>As</u> the economy is getting down, some Koreans tend not to buy new things. Instead, they borrow used things at secondhand shops ③ <u>which</u> are full of people. They like these shops ④ <u>because</u> they can borrow ⑤ <u>what</u> they want with a little money.

19 위 글의 밑줄 친 ①~⑤ 중 어법상 <u>어색한</u> 것은?

✔①　　②　　③　　④　　⑤

① 뒤에 I was staying ～이라는 절이 왔으므로 '～하는 동안'이라는 뜻의 접속사인 while이 와야 한다. during은 의미는 같지만 다음에 명사(구)를 쓰는 전치사이다.
· economy 경제 · instead 그 대신에 · lend 빌려주다 · used thing 중고물품
· secondhand shop 중고물품 가게 · be full of ～로 가득차다 · borrow 빌리다

[해석] 한국에 머문 몇 년 동안, 나는 무언가를 발견했다. 경기가 침체됨에 따라 몇몇 한국인들은 새로운 물건을 사지 않는 경향이 있다. 그 대신에, 그들은 사람들로 가득찬 중고물품 가게에서 중고물품을 빌린다. 그들은 얼마 안 되는 돈으로 그들이 원하는 것을 빌릴 수 있는 이러한 가게들을 좋아한다.

20 위 글에서 알 수 있는 것은?

① 한국인들의 여가 활동

② 한국인들의 근면성

③ 한국인들의 질서 의식

✔④ 한국인들의 절약 정신

⑤ 한국인들의 역사 의식

위 글은 한국인들이 경기 침체에 따라 중고물품을 저렴하게 빌린다는 내용으로 한국인들의 절약 정신에 대해 쓴 글이다.

WRITING  TIME

A 다음 문장을 (   ) 안의 지시대로 바꾸어 쓰시오.

1 A manservant was waiting for her at the door. (A를 Lots of로)

➡ _____ Lots of menservants were waiting for her at the door. _____

manservant의 복수형은 menservants이고, 주어에 따라 be동사가 were로 바뀐다.

2 A mouse has come into the living room. (A를 A few로)

➡ _____ A few mice have come into the living room. _____

mouse의 복수형은 mice이며, has가 have로 바뀌어야 한다.

3 Give me a glass of milk when I come home. (a glass를 two glasses로)

➡ _____ Give me two glasses of milk when I come home. _____

셀 수 없는 명사인 milk는 a glass of를 이용하여 수량 표시를 할 수 있다. '우유 두 잔'은 two glasses of milk로 표현한다.

B 다음 문장이 우리말과 같은 뜻이 되도록 재귀대명사를 이용하여 영작하시오.

1 우리들은 어제 즐거운 시간을 보냈다.

➡ _____ We enjoyed ourselves yesterday. _____

enjoy oneself는 have a good time의 뜻이고, 주어는 we이므로 재귀대명사는 ourselves가 된다.

2 이 음식을 마음껏 드십시오.

➡ _____ Help yourself to this food. _____

「help oneself to＋음식 이름」과 재귀대명사 yourself가 필요하다.

3 그 문은 저절로 잠겼다.

➡ _____ The door locked of itself. _____

'저절로'는 of itself이다.

사람이 선행사인 주격 관계대명사는 who나 that이 온다. / 소유를 나타내는 소유격 관계대명사는 whose이다.
사물이 선행사인 주격 관계대명사는 which나 that을 사용할 수 있다.

C 알맞은 관계대명사와 주어진 표현을 사용하여 단어의 뜻을 설명하는 다음 글을 완성하시오.

> 보기
> his/her job is to show and explain   travel for pleasure
> make travel arrangements for tourists

Do you know the meaning of words about travel?

I've tried to look up some words about travel in the dictionary. First, a tourist is a person _____ who[that] travels for pleasure _____ . We can see many tour guides leading a group of tourists at tourist attractions. Then what does a tour guide do? He/She is a person _____ whose job is to show and explain _____ . Last, a travel agency means a company _____ which[that] makes travel arrangements for tourists _____ .

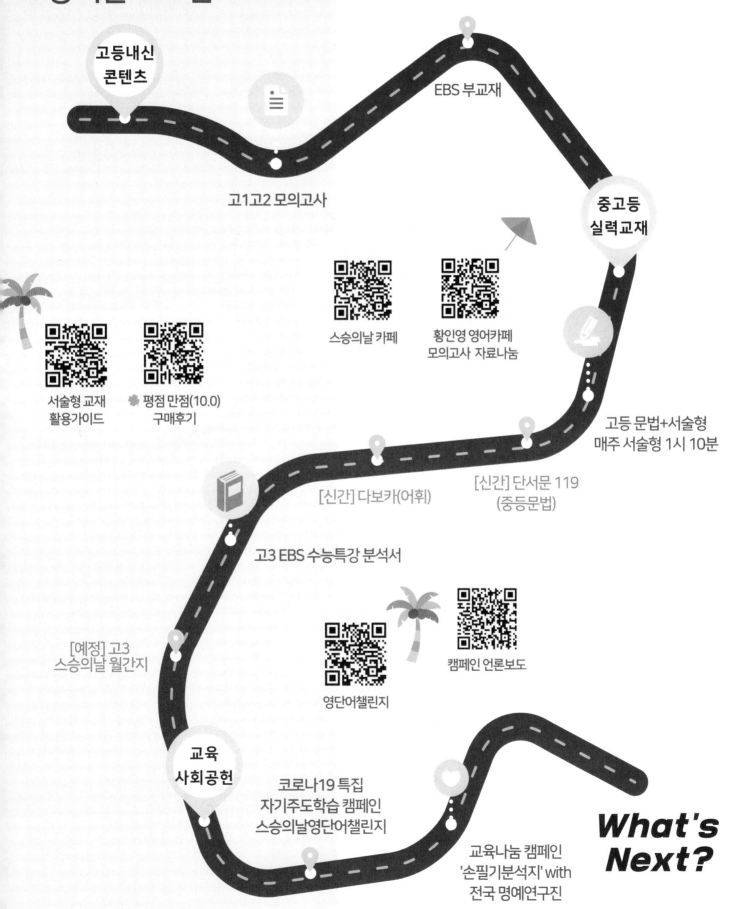

>스승의날 로드맵 스승의날 출판사에 대해 더 궁금하시다면, QR코드를 스캔해보세요.

고등내신
콘텐츠

EBS 부교재

고1고2 모의고사

중고등
실력교재

스승의날 카페

황인영 영어카페
모의고사 자료나눔

서술형 교재
활용가이드

♣ 평점 만점(10.0)
구매후기

고등 문법+서술형
매주 서술형 1시 10분

[신간] 다보카(어휘)

[신간] 단서문 119
(중등문법)

고3 EBS 수능특강 분석서

[예정] 고3
스승의날 월간지

영단어챌린지

캠페인 언론보도

교육
사회공헌

코로나19 특집
자기주도학습 캠페인
스승의날영단어챌린지

교육나눔 캠페인
'손필기분석지' with
전국 명예연구진

What's Next?

문법 포인트 119개로 해결하는 중등 영어 문법 개념 완성

고등 내신 고득점으로 직결되는 **서술형 집중 훈련**

단권화 콘텐츠를 통한 **입체적인 개념 습득**과 **학습 적응력 제고**

도표·도해화 되어 어려운 개념까지 **한 눈에 이해하는 문법 공식**

ISL 문제은행(유사 유형 문제 출제)과 연동된
오답 클리닉으로 풍부한 학습 콘텐츠, 확실한 복습과 마무리

유튜브 무료 강의를 통해 완성하는 **자기주도학습과 단권화**

단서문 *119* 시리즈

문제은행 프로그램 연동   유튜브강의 제공

부가자료
내가 직접 만드는 단권화 책

값 12,500원

53740

9 791192 563084

> 전국연합모의고사 학습자료 (고1~고3 내신대비용)

내신 학습 자료의 대표강자(since 2019)
모의고사 부문 커뮤니티 인지도 TOP

실력+내신 완벽루트 4단계

1단계 **기본서** ▶ 2단계 **분석지** ▶ 3단계 **워크북** ▶ 4단계 **변형문제**

※ 위 4단계 학습자료 구성은 많은 시즌의 모의고사를 거쳐 2022년 완성되었습니다.
이전부터 꾸준히 제작하여 많은 매니아층을 보유한 콘텐츠로는 개요도, 컴팩트 등이 있으며,
최근 2년 간 개발을 시도하여 좋은 반응을 얻고 있는 콘텐츠는 손필기분석지, 워크북 등 입니다.

> 대표 콘텐츠 TOP 4

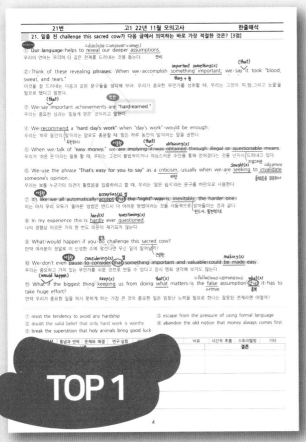

TOP 1

스승의날 모의고사 손필기 분석지

모의고사 컴팩트

모의고사 변형문제

독해력과 구조화를 돕는 개요도

> 제자들이 좋아하는 독보적인 디자인

학생들의 취향을 생각하는 예쁜 표지는 스승의날의 센스!
선생님이 열심히 준비하신 자료를 나누어 주었을 때, **학생들이 '숙제'를 받은 것이
아니라 '선물'을 받은 것처럼 느낄 수 있게,** 콘텐츠의 편집과 디자인도 많은 고민을
거듭하고 있습니다.

> EBS 수능특강 영어 분석서
(고3 내신용/기타 실력용)

EBS 수능특강 영어 「1시 10분」 (2023학년도)
2024학년도 버전 출시 준비 중입니다.

> "11월 수능날, 그 날의 1시 10분,
> 그 1시간 10분을 너의 것으로 "

> 2023학년도 첫 출시,
예약판매 일주일 만에
베스트셀러 등극!

QR코드를 스캔하여
관련 기사를 확인하세요!

> 수특영어 1시 10분 콘텐츠
(교재구성은 달라질 수 있습니다.)

> 1단계 : 손필기분석지 ★
> 2단계 : 컴팩트
> 3단계 : 손바닥개요도 ★
> 4단계 : 배열 변형문제
> 5단계 : 어법 변형문제
> 6단계 : 서술형 변형문제

수만휘 고3들에게 BEST 내신자료,
스승의날 손바닥개요도의 인기!

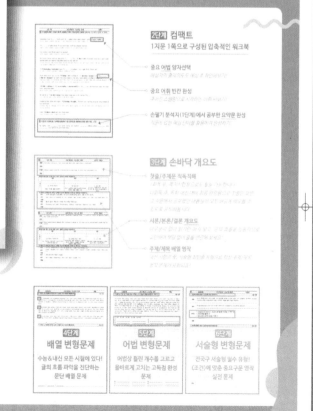

2단계 컴팩트
1지문 1쪽으로 구성된 압축적인 워크북

- 중요 어법 양자선택
- 중요 어휘 빈칸 완성
- 손필기 분석지(1단계)에서 공부한 요약문 완성

3단계 손바닥 개요도
- 첫줄/주제문 직독직해
- 서론/본론/결론 개요도
- 주제/제목 배열 완성

단계별 미리보기

1단계 손필기 분석지
- 주제문 표시
- 중요구문 표시
- 주어(S)/동사(V)/절(①) 구조 분석
- 중요 어법 출제 포인트
- 중요 유의어/반의어/혼동어휘
- 지문 내 핵심 어휘를 활용한 요약문
- 서론/본론/결론 개요도
- 한글과 영어로 익히는 주제/제목

4단계 배열 변형문제
수능&내신 모든 시험에 있다!
글의 흐름 파악을 진단하는
문단 배열 문제

5단계 어법 변형문제
어법상 틀린 개수를 고르고
올바르게 고치는 고득점 완성
문제

6단계 서술형 변형문제
전국구 서술형 필수 유형!
〈조건〉에 맞춘 중요 구문 영작
실전 문제